TERREUR

Né en 1968, Yann Moix est écrivain.

Paru au Livre de Poche :

ANISSA CORTO
LES CIMETIÈRES SONT DES CHAMPS DE FLEURS
CINQUANTE ANS DANS LA PEAU DE MICHAEL JACKSON
JUBILATIONS VERS LE CIEL
MORT ET VIE D'EDITH STEIN
NAISSANCE
PANTHÉON
PARTOUZ
PODIUM
UNE SIMPLE LETTRE D'AMOUR

YANN MOIX

Terreur

GRASSET

© Éditions Grasset & Fasquelle, 2017.
ISBN : 978-2-253-07160-0 – 1ʳᵉ publication LGF

En vérité, il y a, même pour le mal, encore un avenir !

> Friedrich NIETZSCHE,
> *Ainsi parlait Zarathoustra*

Et, d'abord, sache
Que le monde où tu vis est un monde effrayant.

> Victor HUGO, *Les Contemplations*

Et j'erre à travers tout, sans but et sans envie,
Fouillant tous les plaisirs, ne pouvant rien aimer,
N'ayant pas même un dieu tyran à blasphémer,
Avant d'avoir vécu dégoûté de la vie.

> Jules LAFORGUE, *Les Complaintes*

La mort était devenue sa tâche.

> Edmond JABÈS, *Le Livre des Questions*

Les notes qui suivent furent prises *au jour le jour*, puisque c'est dorénavant ainsi que nous sommes sommés de vivre. Je ne suis pas sociologue, ni spécialiste de l'islam. Je n'ai d'autre spécialité que de vouloir rester en vie.

Tout citoyen a non seulement le droit, mais le devoir, de penser son temps ; tout citoyen, en 2016, peut mourir en martyr, visé sans l'être vraiment, dans une guerre qu'il ne fait pas mais qu'on lui fait.

Comme vous, je traverse (cela ne fait que commencer) une réalité gangrenée par la mort et contaminée par la peur. Pour une fois, cette réalité n'est pas abstraite, posée sur la géographie de territoires lointains qu'on imagine *par essence* plongés dans le chaos. Non, elle est là, en bas de la rue, prête à faire de ce matin mon dernier matin.

J'écris ces lignes dans une bibliothèque municipale. Des enfants jouent, crient ; des adolescents font semblant de travailler, regardent des vidéos sur leurs téléphones – tous m'empêchent de me concentrer. Il y a quelques années, j'aurais maudit ce brouhaha ; il m'enchante aujourd'hui, parce qu'il signifie la vie – et signifie en même temps que je suis, moi aussi, vivant.

La lumière d'automne descend doucement sur les verrières ; je suis entouré de romans, d'essais, de pièces de théâtre (sur ma table : Euripide, Eschyle), de bandes dessinées. Les feuilles des arbres se vrillent, virent au roux. C'est la saison que je préfère. Hypersentimental ? Plongé dans le monde, au cœur de son motif. Heureux d'être emporté dans son tourbillon, comme une pauvre feuille qui tremble au vent – mais vibre.

Nevers, samedi 1ᵉʳ octobre 2016

1

§. – On note, dans les journaux, une débauche d'analyses sur les attentats terroristes. C'est légitime : chacun veut livrer, non pas sa version, mais son point de vue sur les causes, les effets, les raisons, les conséquences de ce qui se passe en France. Personne n'a raison ; personne n'a tort. Il s'agit, avant tout, de donner forme à « quelque chose » qui n'en a pas vraiment. Ce pays de culture, cette nation d'intellectuels (c'est touchant, c'est honorable, c'est ce qui fait la beauté de la France) tente, désespérément, à chaque fois qu'un attentat a lieu sur son territoire, de venir greffer sa part de clairvoyance, de connaissance, d'intelligence sur le chaos. On ne sait plus qui croire, qui lire, tant l'offre abonde : sociologues, historiens, théologiens, philosophes, écrivains se succèdent, s'empilent parfois, pour tenter de défricher l'indéfrichable et essayer de déchiffrer l'indéchiffrable. Ce qui frappe quand on lit la presse, c'est l'écart vertigineux entre la qualité des auteurs et la médiocrité des acteurs ; entre l'intelligence des articles et la bêtise crasse des actes ; entre la profondeur des éditorialistes et l'indigence des terroristes. Le lecteur a souvent le sentiment qu'on injecte désespérément, et exagérément, du sens dans ce qui n'en a finalement aucun. Que la convocation de tant de finesse trahit notre impuissance à circonscrire une réalité qui, par quelque bout qu'on la prenne, nous échappe. Toutes les subtilités du monde, issues des meilleures plumes et des cerveaux les plus aigus, semblent vaines, interdites, presque ridicules face à ce qui *a eu lieu*. Comme si les idées ricochaient, perpétuellement, contre ce bloc de granit qu'est l'événement. Un événement chimiquement pur, fait de sa seule irruption, de son inaccessible originalité, de son irrémédiable évidence.

§. – L'attentat nous apprend deux choses : que l'impossible peut ne jamais le rester ; que l'incompréhensible peut le rester toujours. L'impossible n'est pas le contraire du possible, il en est la réussite. L'incompréhensible n'est pas le contraire du compréhensible, il est en l'échec.

§. – Écrivant ces lignes, je n'échappe pas à ce que je suis en train de dénoncer : l'inflation du discours sur des faits dont la nature même est de narguer, puis de neutraliser, le bien-fondé de la raison, l'acuité de ses hypothèses et la pertinence de ses conclusions. Mais la tâche d'une société civilisée, tandis que la barbarie tente de la gangrener, réside davantage dans la profusion de la pensée que dans sa restriction. Voici, puisque vient logiquement mon tour, quelques remarques inspirées de la situation dans laquelle la France est enlisée.

§. – L'État islamique est en train de devenir un état mental. Peu importe que la part des régions conquises par Daech se recroqueville comme peau de chagrin. L'État islamique, doucement mais sûrement, se déterritorialise ; il migre désormais vers la géographie des esprits, dans une géographie strictement mentale. Cette déterritorialisation est une dématérialisation. À mesure qu'il perd du territoire, l'État islamique gagne des cerveaux. Pays de plus en plus imaginaire dans la réalité, il devient de plus en plus réel dans l'imagination. Chaque parcelle de territoire désagrégée se métamorphose en intention d'agir. Les attentats au nom de Daech ne cesseront pas avec Daech : le califat perdu, comme le paradis promis, se réalisera dans les têtes. L'État islamique sera le pays de tous ceux qui n'ont d'autre état psychologique que celui de vouloir en faire partie. Ce sera l'État de tous ceux qui se trouveront dans un *certain* état. L'État de tous ceux qui seront dans *cet* état. À l'heure où le réel et le virtuel se conjuguent et souvent se confondent, comme en atteste puissamment le Pokémon Go, ce serait un réflexe tout juste digne du précédent siècle que d'affirmer qu'un pays qui n'existe pas dans la réalité n'existe pas tout court. La réalité n'est plus aujourd'hui circonscrite au réel – le virtuel en est l'une des modalités. État islamique de la Terre, État islamique de la Toile : même combat. Bien malin qui pourrait dire lequel est l'avatar de l'autre. Dans une époque où l'ordinateur remplace l'ordonnateur, et le clavier la mosquée, nous serions naïfs de penser que la version territoriale de Daech l'emporte en légitimité, mais aussi en réalité, sur sa version portative. La dimension internationale est siamoise : le premier corps est géopolitique, le second est domestique. Ils sont discernables, mais équivalents. L'un, à tout moment, est prêt à prendre le relais de l'autre. À la mort de son frère géodésique, c'est le frère numérique qui continuera de semer la terreur.

§. – Daech a inventé la revendication constante et *a priori*. L'action ne précède plus la revendication ; c'est la revendication qui précède *toujours déjà* l'action. C'est une manière de réalité toute neuve qui se déploie : la revendication cesse d'être la qualification d'un acte passé ; elle est désormais appropriation de n'importe quel acte à venir. La revendication n'est plus un contenu, mais un contenant. Daech signe des chèques en blanc à longueur de journée ; l'expression « mort à crédit », chère à Céline, revêt ici toute son ampleur. L'attentat vient se poser sur le segment de futur que Daech lui avait réservé à l'avance, les yeux fermés. Tandis qu'après chaque tuerie nous *commémorons* le passé, tournés vers nos morts, les terroristes, eux, commémorent l'avenir. Nettoyé de toute mémoire à mesure qu'il avance, Daech, plutôt que de s'encombrer d'hommages à la mémoire de ses « héros », célèbre non pas ceux des siens qui sont déjà morts, mais ceux qui s'apprêtent à mourir. Cette guerre est aussi une guerre des temporalités. Ici le temps des victimes, qui s'écoule à rebours, tourné vers hier ; là le temps des assassins, renouvelé, régénéré, tourné vers demain. Ici un temps qui freine ; là un temps qui accélère.

§. – Les terroristes appartiennent à deux groupes qui se mélangent : ceux qui font don de leur vie et ceux qui font don de leur mort. Jusqu'à une période très récente, le profil type des djihadistes était celui de kamikazes voués à se sacrifier. Ce qu'ils offraient, après allégeance à leur dieu et à leur organisation d'origine (Al-Qaïda, Daech, etc.), c'était leur vie humaine, dont ils avaient peu à peu accepté de se démettre, à condition que leur fussent données, en échange, quelques garanties ou compensations – allant de leur accueil dans l'éternité céleste par des houris enflammées, aimantes et voraces, jusqu'à la notoriété ici-bas et quelques rétributions financières à la famille. On peut aisément imaginer que l'idée de donner leur vie (même pour une telle cause) a dû s'apprivoiser lentement. Mais voici qu'aujourd'hui apparaît une autre catégorie de terroristes : ceux pour qui rester en vie est plus difficile encore que de mourir ; ceux qui, Daech ou non, eussent mis de toute façon fin à leurs jours. Ils ne peuvent pas donner leur vie, puisqu'en quelque sorte ils sont déjà morts. Leur mort biologique n'est que l'adoubement technique d'une mort commencée avant. Ceux-là, qu'on nommerait volontiers des *zombies*, n'ayant plus la moindre parcelle de vie à offrir à Daech, font cadeau de leur mort. C'est leur suicide qu'ils lèguent en offrande à l'État islamique, et non leur existence. (Aujourd'hui, Richard Durn, qui décima en 2002 le conseil municipal de Nanterre, ferait parapher son acte de folie par Daech.) On sait, aux échecs, qu'à partir d'un certain niveau les noirs sont condamnés à perdre, tandis que les blancs sont presque sûrs de toujours l'emporter. Nous avons, face à nous, contre nous, à la fois les noirs et les blancs ; ceux qui meurent en mourant, et ceux qui sont morts avant de mourir ; ceux qui meurent en même temps que leurs victimes, et ceux qui étaient morts avant le jour de leur mort.

§. – Nous avons toujours, quant au terrorisme, une imagination de retard. Lorsqu'un attentat a lieu dans le Thalys, nous voilà obsédés par les trains ; puis nous abandonnons les trains au profit des aéroports à cause d'un attentat à Bruxelles, puis des aéroports nous passons avec davantage de concentration aux camions de gros tonnage. Nous sommes des aruspices inversés, capables de ne prévoir que l'irrémédiable et le révolu. Nous sommes dans la position, ridicule, de ne pouvoir empêcher que ce qui a déjà eu lieu – comme si l'avenir des attentats n'était que la répétition photocopiée des attentats advenus. C'est oublier la nature de l'attentat, qui est de surprendre la réalité, puis de la violer. Un attentat prévisible n'est plus un attentat. Les terroristes sont les frénétiques candidats d'une sorte de concours Lépine de l'attentat, dont les lauréats, redoublant de créativité et d'inventivité, doivent combiner la virtuosité et l'efficacité, mêler le qualitatif au quantitatif.

§. – Les terroristes veulent s'étonner les uns les autres. Ils s'affrontent aussi *entre eux*, dans un jeu grandeur nature, se lançant indirectement des défis dont nous sommes les otages et la matière première. C'est à qui laissera la plus grande trace dans les pages noires de l'Histoire ; c'est à qui sera le plus rapidement célèbre. Ces ados jouent. *Ils jouent à la guerre, sans doute, plus qu'ils ne la font réellement* – c'est, paradoxalement, ce qui rend leur guerre plus dangereuse qu'une guerre qui ne joue pas. La vie, à leurs yeux, n'est qu'un processus ludique où se mélangent divertissement et pulsion de mort. La guerre que nous mène Daech est la première guerre immature de l'humanité ; une guerre faite par des enfants vieillis, une guerre infantile, perpétrée par des asociaux, des capricieux, des caractériels, des colériques, des marginaux – autant de qualificatifs qui décrivent généralement les enfants et les adolescents. Des êtres qui refusent la vie qui s'annonce, avec ce qu'elle contient d'avenir, c'est-à-dire d'incertitudes et de responsabilités. La guerre contre Daech est une guerre contre des « adulescents ». Il n'est que de voir les « dialogues » entre les petits caïds marseillais, sur les réseaux sociaux, et les jeunes djihadistes français partis en Syrie pour vérifier, non sans effarement, que nous sommes entrés dans un conflit dont la base théorique égale le niveau d'une cour de récréation d'école primaire. Guerre sans idéologie, guerre qui fait feu de tout bois parce qu'elle est, tout simplement, la guerre de ceux qui sont mal dans leur peau. Guerre de ceux qui nous cherchent parce qu'ils ne se sont pas trouvés. Guerre de ceux qui sont mal chez eux parce qu'ils sont mal en eux. Guerre, contre la France, de ces Français qui n'aiment pas la France parce que c'est en France qu'ils vont mal – comme ils iraient mal n'importe où ailleurs.

§. – Dans un monde où des individus normalement constitués, ou supposés tels, sont capables, au risque parfois de leur vie, de passer des heures entières à capturer des Pikachu dans la nature, confirmant dès lors que la frontière jusque-là naturelle de la virtualité et de la réalité, du faux et du vrai, est maintenant abolie, on aura du mal à s'étonner que des tireurs, des égorgeurs, des piétineurs, des dynamiteurs, des snipers, des crémateurs et des décapiteurs ne sachent exactement où se situe la barrière entre la vie et sa négation.

2

§. – Nouvelle définition de l'existence : laps de temps qui nous sépare de deux attentats. (Un attentat qui ne nous a pas atteint nous redonne des points de vie jusqu'au prochain, et ainsi de suite.)

§. – Un attentat est un crime que d'autres ont vécu à notre place. C'est toujours soi dans un attentat qui, *via autrui*, est visé.

§. – On nous dit qu'il faudra désormais « vivre avec le terrorisme », c'est-à-dire vivre avec la proximité de la mort. C'est ce que nous faisions déjà, c'est ce que la vie a toujours fait : vivre au travers de la mort, l'évitant, l'empêchant, la fuyant, y échappant. Mais « vivre avec le terrorisme », ce n'est pas simplement vivre dans l'imminente proximité de la mort, c'est borner la vie à la mort, c'est limiter l'horizon de la vie à la mort, c'est faire de la mort le décor naturel de la vie, c'est faire de la mort la principale expérience de la vie – c'est ramener l'immédiateté de vivre à la permanente proposition de mourir.

§. – Le terroriste déracine le présent ; il l'arrache au passé : ce qu'il vient d'effectuer ne se rattache à aucun passé répertorié. L'acte terroriste n'est jamais *complètement* répétitif. Il repose sur l'étonnement. C'est du merveilleux à l'envers.

§. – Le terroriste prive la réalité de ce qu'elle était censée contenir. Il arrête, il stoppe la réalité dans son cours pour la freiner, l'interrompre, puis la détourner, la faire s'écouler selon sa volonté à lui, son caprice d'acier. L'attentat modifie ce qui n'eût pas manqué d'arriver sans lui, il empêche les quantités d'imprévisibles qui étaient sur le point d'avoir impassiblement, imperturbablement lieu. L'attentat défigure ce qui eût dû se passer à sa place. Il a tué dans l'œuf ce qui avait décidé, en dehors de lui, de se dérouler à cet endroit-là, à ce moment-là. Tout ce qui, depuis l'aube, était en train de converger, selon une indémêlable série de hasards et de détours, vers ce morceau d'espace-temps a été anéanti par et dans l'attentat. Son impossibilité a eu raison de toutes les possibilités.

§. – Le terrorisme transforme la réalité en effroi. Il fait jaillir de l'impossible à partir du possible. Il transforme la réalité en son contraire : l'impensable – et nous laisse (seuls et démunis) avec cet impensable à penser. Il jouit à l'avance de toutes les gloses qu'il va déclencher, des millions de commentaires qu'il va générer. Le terrorisme actionne la production d'une quantité vertigineuse d'analyses sur ce qui n'a aucun sens. Il nous laisse un fait brut, un fait sans la *moindre* intelligence, dont *toutes* les intelligences vont (tenter de) s'emparer. Le terroriste force la réflexion et en même temps la rend inefficiente.

§. – Le terrorisme ne produit pas seulement du danger : il produit sa propre reproduction. Le terrorisme est prolifération. Le danger du terrorisme est presque nulle part : la peur qu'il draine est presque partout.

§. – La répétition du mot « terrorisme » dans les journaux fait partie intégrante du terrorisme. Le terrorisme fait se confondre le nulle part et le partout, le jamais et le sans-cesse. Imminence et permanence sont confondues en lui.

§. – Terrorisme : de l'impossible programmé, innovant dans l'invention de la mort, fabriquant des formes *neuves* de mort.

§. – Le terrorisme terrorise à la fois par son exceptionnalité et par sa banalité. Banalisation de l'exception. Le fait divers est devenu le mode opératoire du terroriste : Larossi Abballa assassine à coups de couteau Jean-Baptiste Salvaing et sa compagne Jessica Schneider – tous deux policiers – à Magnanville. Djihad à domicile ; terrorisme domestique.

§. – Sid Ahmed Ghlam assassine Aurélie Châtelain. Aurélie Châtelain ne fait pas partie de la police, ni de l'équipe de *Charlie Hebdo*, ni de la communauté juive. Aurélie Châtelain ne fait partie que d'elle-même. C'est une victime aussi gratuite que les autres, aussi arbitraire, mais plus seule encore dans cette gratuité, plus abandonnée que les autres à cet arbitraire, une victime non pas davantage victime que les autres victimes, mais plus isolément victime ; non pas une victime plus compréhensible, plus acceptable, plus *ad hoc* : mais une victime aussi anonyme que précise, aussi ciblée qu'aléatoire, aussi choisie qu'inchoisie. Une victime qui n'avait aucune probabilité ni aucune possibilité de le devenir – une victime non seulement du hasard, mais d'un hasard au carré, au cube ; la victime d'un hasard souverain.

§. – Aurélie Châtelain n'est pas, non plus, une victime prélevée parmi d'autres victimes : elle est la victime, suprême, d'un terrorisme parvenu au même hasard fou que celui de la balle perdue. Elle est la victime du dernier degré de terrorisme possible : celui qui vise tellement de monde à la fois qu'il choisit ses victimes isolément, une par une, de manière évasive ; le terrorisme comme fatalité en vadrouille, comme fatalité flegmatique, comme fléau tranquille. Un terrorisme qui trimballe sa pulsion de mort en bâillant, sans s'étonner, sans ultimatum ; un terrorisme sans fioritures, sans coup d'éclat ; une manière de terrorisme petit-bourgeois, un terrorisme en loucedé, un terrorisme sans qualités ; un terrorisme administré par le seul caprice ; un terrorisme de petite main, de seconde main ; un terrorisme de patronage ; un terrorisme à la petite semaine.

§. – Tout le monde devient chacun, chacun devient tout le monde : on meurt non d'indifférence, mais d'indifférenciation. Il suffit de faire partie de la République pour représenter le Mal, pour incarner le pire, pour devenir l'irréductible ennemi. Nous voilà encore, cois, en train de contempler, tétanisés, une forme neuve de terrorisme : celui du cas par cas ; celui, énorme et vaste, de la tragédie individuelle, non plus sur mesure, mais de prêt-à-porter. Cette balle, dans le barillet, cette lame, dans le cutter, est valable pour tout le monde, est destinée à n'importe qui. Le premier qui passe est coupable. Coupable, en premier lieu, d'être passé le premier. Coupable de « devoir » être assassiné.

§. – Tout corps se trouvant *quelque part* est désormais puni de s'y être trouvé. Sera désormais fautif d'y avoir été situé. À partir de maintenant l'endroit à éviter est chaque endroit où précisément, où exactement, nous nous tenons.

§. – Le terroriste contamine la réalité. Les fleurs, la lumière, sont modifiées par l'attentat qu'il vient de commettre. Le terroriste s'attaque à ce que nous aimions ; ses actes se diffusent dans le réel, s'insinuent dans les choses, pénètrent toute la matière disponible – la pluie sur le trottoir, les oiseaux dans les arbres, ne se ressemblent plus. Quelque chose a changé. Quoi ? Tout. L'attentat s'infiltre sous les tapis, dans les oreilles, s'immisce jusqu'à notre chambre, imprègne notre sexualité. Le monde ambiant transporte une laideur nocive, qui lèche creux et recreux, caresse les visages, laissant sur eux la salive d'un crachat. C'est la transmutation d'une action en trace indélébile d'elle-même. Comme si la tuerie continuait de tuer sous la forme d'une sensation indiciblement partagée, collectivement éprouvée. L'attentat est si réel, si infiniment réel, qu'il semble ne jamais avoir eu lieu. Il y a, dans l'évidence de certains faits, une manière de science-fiction qui s'installe, dont seule l'imagination peut fidèlement rendre compte : ceux qui ont vu le corps de Cabu criblé de balles, la cervelle de Charb, les corps disséminés sur la Promenade des Anglais, les cadavres jonchant le sol des terrasses parisiennes, du Petit Cambodge ou du Bataclan, sont condamnés à devoir imaginer la scène qu'ils ont regardée mais qu'ils ne pourront jamais *voir*.

3

§. – Les heures, les jours qui suivent l'attentat, chacun marche à côté de soi-même – chacun s'est vu spolier la part de réel où il s'était jusque-là inséré, par lequel il s'était jusque-là modelé. La réalité n'a pas seulement changé : elle s'est retirée comme se retire la mer. Nous restons médusés en face d'une impossibilité. L'impossible exprime la négation d'un événement à venir. Le terrorisme invente l'impossible *avéré*, l'impossible au présent, l'impossible *ici et maintenant* – l'impossible *réalisé*.

§. – Malgré sa véracité, sa réalité, son effectivité, l'acte terroriste *reste* impossible. L'impossibilité de cet impossible reste intacte : elle s'est réalisée, mais on ne le réalise pas. Le terrorisme a inversé les pôles : l'impossible est *d'abord et avant tout* ce qui *advient*. Non seulement l'impossible n'est pas ce qui ne peut pas arriver, non seulement l'impossible n'est pas ce qui n'arrivera jamais : l'impossible est ce qui arrive, d'une part ; et, d'autre part, il est ce qui ne peut plus ne plus jamais arriver. L'impossible n'est pas la plate négation du possible : il incarne le possible, le summum du possible, la forme la plus achevée du possible. *L'impossible est le chef-d'œuvre du possible*. Il est le possible poussé jusqu'à sa plus folle extrémité, porté à son ultime degré d'incandescence. Il n'est pas un contraire du possible : il en est son aberration. Il en est son absolue manifestation.

§. – C'est toute la possibilité du monde, ramassée en un point d'une densité infinie, qui explose dans l'impossibilité terroristique. Le métier de terroriste consiste à déloger l'impossible de la nasse des hypothèses, des postulats, de l'irrationnel et des phobies, pour l'intégrer, non seulement dans la sphère des possibilités du monde, mais dans celle de la vie quotidienne. L'impossible, au même titre que le possible dont il se réclame, et dont il n'est qu'un avatar outré, finit par *aller de soi*. Le terrorisme procède à l'installation de l'impossible au coin de la rue, au coin de toutes les rues possibles, à tous les coins possibles de toutes les rues possibles, à toutes les possibilités de coins de toutes les possibilités de rues. Notre mort doit dorénavant couler de source. Les années qui nous restent à vivre sont devenues des années qui nous restent à essayer de ne pas mourir. L'accident ne consiste plus à mourir ; l'accident consiste à vivre.

§. – La barbarie a semé la mort – semé dans les airs, comme un pollen. La mort sait désormais où nous trouver. Nous sommes partout : cela tombe bien, elle aussi. Chacun de nos actes nous rend passibles de la peine de mort, à commencer par les plus naturels et les plus insignifiants. C'est parce que nous ne connaissons pas les assassins et parce que les assassins ne nous connaissent pas que nous serons abattus. Notre innocence nous condamne à mort. Notre anonymat nous dénonce. Parce que inoffensifs, nous voici dangereux. Les terroristes ne veulent pas *nous* tuer, ils ne veulent pas *me* tuer : ils veulent tuer, tuer tout court – il faut des corps pour recevoir, intercepter, entériner, enregistrer toute la mort qu'ils produisent comme est requise une toile vierge pour peindre un tableau ; notre corps devient le *support* de la mort prodiguée, distribuée. Sans nos corps, la mort tournerait à vide. Elle serait une mort perdue, un gâchis de mort. Les terroristes entendent inscrire le maximum de mort dans la réalité : les corps qu'ils trouent, déchiquettent, sont les meilleurs réceptacles pour accueillir cette forme avariée de la *liberté d'expression*.

§. – Infinie *stérilité* du terrorisme. (Le terrorisme, en semant la mort, définit le strict contraire de la fertilité.) Il produit de la mort comme on produit de la vie. Il donne la mort comme on donne la vie. *Il distribue de l'inverse.*

§. – Le terrorisme est une machine à produire du conditionnel : « ça aurait pu être moi » (version *hard* : « ça aurait *dû* être moi »).

§. – Le terroriste tue tout ce qu'il touche.

§. – Il existe deux manières de considérer l'attentat : par le passé ; par le futur. Par le passé : il est irréversible ; par le futur : il est imprévisible. L'attentat laisse une seule temporalité de côté : le présent, qui reste bouche bée. Passé, l'attentat est irréversible mais on peut tenter de le penser, de le disséquer, de l'étudier, de l'analyser. Future, l'action terroriste est imprévisible mais on peut tenter de l'appréhender, de la prévenir, de l'envisager, de l'empêcher. Au présent, tandis qu'elle exprime sa réalité totale, elle apparaît plus *irréelle* que lorsqu'elle *n'est plus* ou *n'est pas encore*. L'attentat atteint son pic de réalité lorsqu'il est *derrière nous* ou *devant nous*. L'hyperréalité de l'attentat abîme, gâte sa réalité : l'étonnement, poussé à son comble, agit comme un voile. Une réalité trop étonnante déréalise le réel, le nimbe de ce qu'il n'est habituellement pas et semble ne jamais pouvoir être. Nous prenons nos quartiers dans la réalité avec une confiance abusive : lorsque cette réalité cesse soudain de se ressembler, nous n'admettons pas que ce qui s'y déroule soit toujours de l'ordre de la réalité. C'est qu'inconsciemment nous nommons « réalité » ce qui ne déroge pas à l'habitude, alors que la réalité est précisément ce qui, de toutes ses forces, entend détruire ce qui nous est familier. Le quotidien que nous avons fini par faire nôtre n'est qu'un *travail* sur la réalité. Une illusion. Tout réel est indifférent : nous attendons de lui qu'il nous dépayse le moins possible, alors que tout est dépaysement dans ce qu'incessamment il propose. Nous rétrécissons constamment la réalité pour qu'elle nous agrée. L'attentat vient rappeler que le réel ne se morcelle pas, que la réalité est la même pour tous. L'attentat détraque le quotidien.

§. – Le terroriste est capable d'abattre un enfant ; il rompt tous les pactes, sauf avec la mort. La religion a toujours aimé ressusciter les morts – voilà qu'en son nom on déressuscite les vivants.

§. – Le terroriste se vautre sans pudeur dans la mort.

§. – L'affaire du terroriste n'est pas la mort concrète des uns, mais la mort potentielle de la somme de tous les autres. Il tue par échantillons ; par bande-annonce.

4

§. – Nous frôlions Coulibaly, nous frôlions Abdeslam, nous frôlions Lahouaiej Bouhlel dans nos rues, nous les avons peut-être klaxonnés, nous nous sommes peut-être trouvés, au cinéma, dans la même rangée qu'eux. Ils ont été nos contemporains, infiniment semblables à nous, dans une infinie proximité.

§. – Toute la journée du 14 juillet 2016, les victimes de Mohamed Lahouaiej Bouhlel, le terroriste au dix-neuf tonnes, avaient vécu dans l'ignorance ; il leur eût simplement suffi de ne pas aller assister au feu d'artifice ce soir-là. Certains y étaient allés parce qu'ils l'avaient prévu de longue date, d'autres parce qu'ils n'avaient rien d'autre à faire ce soir-là, d'autres encore par simple curiosité, d'autres enfin avaient décidé d'y aller à la dernière minute : ce sont toutes ces décisions, ces mélanges de décisions diffuses, confuses, qui déjà tenaient, tout entières, dans la main de Lahouaiej Bouhlel. Le camion s'est précipité sur les estivants ; dans une logique aberrante, malade, ce sont eux qui, toute la journée, se sont, sinon précipités, du moins dirigés vers ce camion. Toutes les hésitations, les tergiversations, les modifications ont convergé vers ce rendez-vous désormais si net, si *gratuitement nécessaire.*

§. – La Promenade des Anglais ne pouvait pas se douter qu'elle serait un jour semblable à un cimetière. Entrait, dans cette expression même de « Promenade des Anglais », le charme léger des embruns, les évanescents étés, un vent léger, les galets cuits par le soleil. Cette délicieuse appellation, désormais, revêt le goût de la barbarie. L'innocence légère, surchargée de robes et de chapeaux, de mouettes, d'écume, d'horizon vert-bleu, voilà qu'elle est éclaboussée à jamais par des flaques de sang. « Promenade des Anglais » et « Daech » : deux concepts qui s'ignoraient, s'interdisaient jusque-là de coexister, n'avaient pas davantage de liens entre eux qu'une étoile de mer et un fer à repasser – associés maintenant, irrémédiablement rapprochés l'un de l'autre, fondus l'un dans l'autre par la seule force d'une folie. La Promenade des Anglais, comme les alentours d'Alep ou de Raqqa, aura été, pour toujours, le nom d'un territoire de guerre islamiste.

§. – Viendra un jour où les jeunes djihadistes s'en prendront à leurs parents, à leurs frères et sœurs. Viendra un jour où un jeune djihadiste invitera tous ses amis à son anniversaire, à son mariage, à un baptême, et se fera exploser au milieu des invités.

§. – On parle de terrorisme de proximité, mais le terrorisme n'est que cela : proximité. La proximité est son arme. Le terroriste tue *avec* la proximité. Il pointe en permanence la proximité sur nous.

§. – Le terrorisme est une machine à rendre le hasard nécessaire.

§. – Nous passons des journées entières à réchapper d'attentats ; ce que nous appelons « vivre » consiste désormais à se sortir indemnes de hasards auxquels nous avons échappé. Être vivant, c'est être rescapé. La mort n'est plus ce qui opère une trouée dans la vie ; la vie est ce qui opère une trouée dans la mort.

§. – Faut-il dire « tueur » ? Faut-il dire « meurtrier » ? Faut-il dire « assassin » ? En arabe, *hassa* signifie « mettre en pièces ». *Hassassin* : « fumeurs de haschisch ». Ce que les terroristes, pour la plupart, sont. Autre hypothèse : *asas*, qui signifie (toujours en arabe) « patrouille ». Autre signification encore : « fidélité aveugle ».

§. – « L'ignorant, qui ne prévoit rien, sent peu le prix de la vie, et craint peu de la perdre ; l'homme éclairé voit des biens d'un plus grand prix, qu'il préfère à celui-là. » Rousseau, *Émile ou De l'éducation*.

§. – Les terroristes du Bataclan n'ont pas simplement tué avec des kalachnikovs ; ils ont tué avec du *temps*. Ils ont tué avec le temps que les secours ont mis pour arriver ; ils ont tué avec le temps que les brigades d'intervention ont mis pour intervenir.

§. – La lenteur fut immédiatement transformée en accélération ; la passivité, en suractivité. Les terroristes du 13 novembre ne firent pas que violer l'espace (public, dans les rues ; privé, au Bataclan) : ils violèrent le temps. Tout retard est djihadiste. Tout contretemps est une arme de destruction.

§. – Utilisant le temps de réaction des forces de l'ordre, les terroristes transforment le retard en actes – comme on rêvait jadis de transformer le plomb en or. Alchimistes de l'horreur.

§. – Ils parviennent, ce faisant, à transférer une part de leur barbarie sur ceux qui sont censés la combattre (et la combattent). Le policier, le gendarme qui arrive en retard sur la scène du carnage voit sa responsabilité, incidemment, sournoisement, mêlée à celle du terroriste qui, pendant que personne n'arrive encore, tant que nul n'est encore là, continue de tirer dans le tas. Le terroriste contamine les secours en les faisant participer indirectement, *passivement*, à leur corps défendant, à l'attentat en cours. Continuant leur jeu de massacre, ils *s'appuient* sur l'absence des forces de police au Bataclan ; forts de cette absence, ils en soulignent sa réalité. Ils fabriquent ainsi une manière de coresponsabilité.

§. – Ce à quoi il s'agit d'échapper, que le terrorisme appelle de ses vœux : l'attentat comme *tradition*.

§. – Salah Abdeslam et sa bande ont inventé le martyr-bobo – le « bobo » est une catégorie que nous n'imaginions jamais pouvoir associer au mot « martyr ». Le terrorisme produit de l'oxymoron.

§. – Avant de commettre leur massacre dans les 10e et 11e arrondissements de Paris, Abdeslam et ses acolytes ont traversé d'autres rues, d'autres quartiers, d'autres arrondissements pendant l'après-midi du 13 novembre – ils se sont frayé un passage parmi des victimes potentielles, parmi des victimes tout aussi anonymes, innocentes et inoffensives que les victimes réelles et avérées qu'ils allaient faire le soir même. Rien ne distinguait les victimes de la soirée des non-victimes de la journée. Les djihadistes avaient en ligne de mire une géographie délimitée et attendaient, comme dans une nasse, ceux qui viendraient, pour leur malheur, la traverser. On peut imaginer que, parmi les victimes du soir, se trouvaient des personnes ayant croisé ou frôlé, aperçu ou entrechoqué le gang d'Abdeslam durant le jour. Mais les terroristes n'envisageaient pas les passants qu'ils croisaient comme des cibles – ni même comme des existences en sursis. Pour être un « ennemi » de la clique d'Abdeslam, il fallait devoir, *tout à l'heure*, se trouver *par hasard* au Petit Cambodge, *par hasard* au Carillon, *par hasard* à la Bonne Bière, *par hasard* au Casa Nostra, *par hasard* au Bataclan, *par hasard* à la Belle Équipe, *par hasard* au Comptoir Voltaire.

§. – Abdeslam avait prévu de commettre son carnage le 13 novembre : telle victime avait *prévu* de boire un verre le 13 novembre à la même heure avec un ami ; telle autre avait prévu, depuis des mois, *comme Abdeslam*, d'aller au Bataclan.

§. – Peut-être y avait-il, dans la foule, à Nice, ce 14 juillet 2016, sur la Promenade des Anglais, des inconnus qui rêvaient de commettre des attentats ; peut-être y avait-il, parmi les promeneurs, de futurs djihadistes. L'attentat peut donner la mort à de vrais musulmans inoffensifs et innocents ; il peut aussi donner la mort à de potentiels auteurs d'attentats.

§. – « Interrogeons scrupuleusement la réalité. Il est vraisemblable qu'un malheur se produira ? Vraisemblance n'est pas vérité. Combien d'événements advenus, auxquels nul ne s'attendait ! Et combien d'événements attendus, prévus, qui n'ont jamais eu lieu ! Même s'il doit se produire, que gagne-t-on à anticiper sa douleur ? Tu n'auras que trop vite l'occasion de souffrir, quand l'événement en question aura eu lieu. En attendant, escompte un avenir meilleur. » Sénèque, *Lettres à Lucilius*.

§. – Y a-t-il des terroristes *timides* ?

§. – Ceux qui distribuent la mort avec leur camion, leur kalachnikov, leur lame, connaissent-ils l'existence de l'imparfait du subjonctif ?

§. – J'étais un passant, un simple passant. J'en suis mort. Je suis mort de ce crime, de cette impardonnable faute : *passer par là*.

5

§. – Le terroriste n'est pas un « homme d'action », il est l'homme d'*une* action.

§. – La biographie du terroriste se résume à *un instant*. Son existence tend vers un seul point : celui de l'attentat. Avant cet instant, sa vie n'avait aucun sens ; pendant et après cet instant, elle n'a que le sens de cet instant. Le terroriste est celui qui a tout raté, sauf *cet instant*. Si l'on retranche ledit instant de sa biographie, on retire un atome de carbone à un immeuble – l'édifice s'effondre. Ôtez à l'existence du terroriste les deux, trois minutes qu'a durées son carnage : cette existence est ramenée à *rien*.

§. – Cet instant, le terroriste va le faire durer pour l'éternité. Il entend, de toutes ses forces, faire entrer dans l'Histoire non pas une période, une guerre, une révolution, des Cent-Jours, une Semaine sanglante, une nuit des Longs Couteaux : mais *un instant*. Il entend, il prétend donner à son instant le poids d'une épopée. Cet instant doit coûte que coûte peser autant que des siècles.

§. – Il y a des personnages qui sont restés un instant dans l'Histoire par des décennies de courage ; le terroriste restera des décennies dans l'Histoire par un instant de lâcheté.

§. – Le terroriste est infiniment *limité*. Son horizon est borné à la mort, à la mort prévue, à la mort posée sur une date. Programmant son attentat, il programme sa propre mort. Il doit vivre avec cette date, s'accoutumer à cette date, s'y acclimater, l'apprivoiser. Il devient un homme-date. S'il s'amuse à pointer, sur un calendrier, les dates ultérieures à celle de l'attentat, il n'entreverra que des chiffres borgnes, des magmas de dates dénuées de sens, des propositions théoriques de futurs abstraits, des futurs sans avenir.

§. – Le terroriste ne vit pas, n'existe pas : il ne fait que glisser vers une date. Il ne fait que se propager, que s'acheminer de jour en jour, vers la date de sa mort et de la mort de ceux qu'il va tuer. Sa mort est incluse dans la mort de ses victimes. C'est une mort qui s'apprête à semer la mort.

§. – Un mois, une semaine avant l'attentat qu'il a décidé de commettre, le terroriste n'est déjà plus qu'un point sur une date. Il ne possède plus la moindre dimension humaine, résumée à ce qu'il doit faire *ce jour-là*. Le jour de l'attentat approche sur le calendrier, nous avançons vers lui – tandis que le terroriste, lui, semble fixe dans une manière d'éternité, attendant que ce jour terrible vienne à sa rencontre, vienne se confondre avec lui. Nous laissons tranquillement cette date s'approcher de nous, nous nous laissons dériver vers elle, en toute quiétude, sans la moindre prémonition, sans hantise spéciale, dans l'indifférence, dans l'insouciance, dans l'inconscience, dans l'ignorance. Nous ne pouvons deviner que cette date sera endeuillée – elle l'est déjà pourtant, endossant déjà le drame, elle est déjà le réceptacle de l'attentat, elle n'est déjà plus vierge, elle est déjà entachée.

§. – Cette date ignore encore le nom des protagonistes, des victimes, des innocents ; elle ne connaît pas leur nombre. Mais c'est une date chargée à l'avance de morts, une date pleine de sang, qui fonce vers nous, ainsi qu'un camion rempli de dynamite.

§. – Cette date est déjà historique mais se fait toute petite, se tait, se dissimule, se réserve pour le grand jour, celui dans lequel elle est censée se fondre – elle sait déjà sa violence, sa grandeur, aucune atmosphère ne la trahit, jusqu'à la dernière minute aucun parfum ne l'annonce. Plus rien ne sera pareil après elle ; pourtant, l'instant d'avant, juste avant, elle n'avait rien modifié, rien invalidé du monde tel qu'il est, tel qu'il était encore *à l'instant*.

§. – L'attentat prévu peut enfin lâcher sa réalité d'attentat sur cette date comme on lâche une bombe sur une ville : ce qui devait avoir lieu a lieu, c'est la consécration. Nous nous ébrouions dans cet imminent danger en parfaite insouciance, nageurs béats parmi les requins.

§. – Quelques jours avant l'attentat, le terroriste n'est rien pour les manuels, son nom n'est pas encore transformé par le retentissement, ni ressassé par le commentaire, le carré du commentaire, le cube du commentaire. Il n'y a pas encore de spécialistes de lui. Il n'est qu'un passant de plus dans le gris qui passe : une entité humaine, banale, vaine, qui pourrait tout raturer, mais ne raturera pas. Cette non-rature le rend déjà différent des autres – le terroriste invente l'exception à crédit. Rien ne le distingue et pourtant, il n'a *déjà* rien à voir avec *personne*. Il est unique, mais unique pour plus tard, unique pour tout à l'heure, unique pour le jour J – sa monstruosité est *momentanément indiscernable.*

§. – Quand les médias montreront les terroristes sur des vidéos enregistrées quelques jours (quelques heures) avant l'attentat, nous observerons ces hommes qui n'étaient pas encore des criminels et qui pourtant l'étaient déjà. Sur les images, ils ne sont pas encore des assassins : ils ne sont pas non plus des non-assassins. Ils vivent dans un espace-temps spécial, en suspension, où ils n'ont point encore été baptisés par des actes ; ils sont des assassins à qui ne manque plus que l'assassinat. Leur attentat, d'une certaine manière, a déjà eu lieu ; *l'attentat a déjà eu lieu dans le futur.* L'attentat a déjà eu lieu sur une date qui ne manquera pas d'arriver. Il a déjà eu lieu sur sa date : ne reste plus à la date qu'à faire son travail de date, et d'advenir. Patience. Le 10 décembre 2014, l'attentat du 7 janvier 2015 avait déjà eu lieu : il fallait juste que le 7 janvier 2015 nous parvienne, il fallait juste que le

7 janvier 2015 arrive jusqu'à nous. L'attentat du 14 juillet 2016, à Nice, nous attendait dès le 20 juin, mais il serait livré avec le 14 juillet, il était déjà confondu avec lui, greffé dessus (idem pour le *package* des attentats de novembre 2015).

§. – Le 10 décembre 2014, le 11 octobre 2015, le 20 juin 2016, les terroristes n'étaient pas des non-assassins. Ils avaient *déjà* assassiné sur une date qui ne nous était pas *encore* parvenue. L'attentat à commettre était déjà commis, il suffirait, le jour dit, de *l'incarner*, de l'enfiler comme on enfile un costume, une panoplie, de *se laisser glisser dedans* – de se fondre en lui, de se laisser guider par lui.

§. – De nombreux témoins ont noté que les terroristes, pendant les attentats, avaient l'air d'un calme à toute épreuve. Logique : ils ne faisaient qu'*interpréter* un acte déjà commis. Ils n'étaient plus que les marionnettes d'une mission accomplie d'avance.

§. – Les terroristes, les jours précédant leurs crimes, se trimballent dans la réalité, dans les rues de la réalité, comme des passagers clandestins : eux seuls savent ce qu'ils ont fait. Eux seuls savent ce qu'ils ont fait dans ce futur si proche. *Eux seuls savent ce qu'ils ont commis la semaine prochaine.*

§. – Le terroriste est un homme d'inaction qui sans transition devient un homme d'action. Nietzsche, citant Goethe, écrivait que l'homme d'action est dénué de scrupules, privé de conscience : « il oublie tout sauf la chose qu'il veut faire, il est injuste envers ce qui le précède et ne connaît qu'un droit, le droit de ce qui doit maintenant naître ».

§. – Le terroriste ne fabrique rien d'autre que sa propre légende – il la sculpte en creusant sa tombe.

§. – Chercher une profondeur dans le message du terroriste est une erreur : sa folie meurtrière seule nous exhorte à prendre « tout ça » au sérieux. Incapable de s'exprimer par l'enchaînement logique que réclame un discours articulé, il plagie la parole divine et se fait le traducteur de cette parole dans une autre langue : la langue de l'acte.

§. – Le « passage à l'acte » est pour le terroriste un exercice de *traduction*. Il décline toute parole sous forme de mort – non qu'il veuille se taire par la mort, à travers la mort, mais parce qu'il veut parler au contraire à travers elle, par elle. La mort est la ventriloque du terroriste. Elle s'exprime pour lui – or, la mort a pour elle (on ne lui ôtera jamais cette stupéfiante qualité) d'être parfaite. *La mort s'exprime parfaitement*. La mort (celle qu'il sème, ainsi que la sienne propre) s'avère la seule forme de perfection à laquelle le terroriste puisse jamais avoir accès. À l'exception d'Abdeslam, qui s'est dégonflé, il a tout raté sauf cet *inratable absolu* qu'est la mort.

§. – On ne « rate » jamais sa mort, on ne « rate » jamais une mort – on est mort, ou on est vivant. On peut rater un suicide, un assassinat – la mort, elle, est toujours (parfaitement) réussie. La mort est l'accomplissement des accomplissements ; elle est ce qu'il y a de plus accompli, d'une part ; d'autre part, ce qu'il y a de plus difficile à accomplir.

§. – La mort est le plus viril de tous les examens de passage qui se puissent trouver ici-bas. Rien n'est moins féminin (se dit le terroriste) que cette résolution à obtenir et à produire de la mort. La femme produit de la vie – c'est le paroxysme de son être ; le paroxysme de l'être d'un homme (se dit le terroriste) c'est de produire de la mort – *c'est de donner la mort comme une femme donne la vie.*

6

§. – Les terroristes ne préfèrent pas simplement la mort à la vie, mais la gloire à la vie. Coulibaly, Abballa, Lahouaiej Bouhlel, Salhi, les frères Kouachi, Merah, Abaaoud, Abdeslam, Kermiche, Petitjean n'entendent pas seulement vivre au paradis, soulagés par des vierges (la plupart d'entre eux n'y croient pas, ne prenant même plus la peine, façon 11 Septembre, de nous faire croire qu'ils y croient), mais ils veulent vivre dans notre souvenir, dans la postérité de ce qu'ils ont commis. Ils gagnent leur ticket pour l'immortalité, sinon là-haut, du moins ici-bas. Tandis que tel lauréat de la médaille Fields, tel prix Nobel de médecine, sera lessivé par le temps – jusqu'à l'effacement total –, tandis que tel écrivain de génie ne sera bientôt plus jamais lu, Kermiche et consorts, par le simple maniement d'une kalachnikov, d'une lame de rasoir ou d'un camion, ont d'ores et déjà (contre notre gré, contre notre volonté) leur nom gravé dans l'Histoire. Que ce soit au rayon du pire leur importe peu, notre pire étant leur meilleur et notre apocalypse, leur apothéose.

§. – « On ne peut durer qu'en esprit. Néron même en est là. Après tout, la haine vaut mieux que l'oubli.

Au néant, on préfère l'horreur même. Il est une gloire heureuse et une déplorable gloire. Mais, pour obliques soient-elles, toutes deux partent de l'opinion. Tels, aux deux bras de la croix, le bon et le mauvais larron. » André Suarès, *Sur la vie*.

§. – Péguy se méfiait comme de la peste du mélange de la politique et de la mystique. Il avait raison, mais ne pouvait deviner que ce politique et cette mystique seraient de la politique appauvrie et de la mystique misérable. Coulibaly, Kermiche sont *vaguement* politisés ainsi que *vaguement* religieux.

§. – Les Kouachi, Coulibaly, Merah ont la foi paresseuse. Leur durcissement mystique vient *compenser* leurs lacunes. La mosquée buissonnière est la pire des mosquées. Leur foi est inébranlable *parce qu'*elle a eu la paresse de subir les étapes de la réflexion, du travail, de l'étude et du doute. Coulibaly n'a pas le temps de ne pas croire.

§. – Coulibaly, Kermiche, Lahouaiej Bouhlel veulent périr : mais une manière de dérèglement, débile, entend recevoir chez eux leur part de célébration – de célébrité. Les djihadistes veulent mourir célèbres. En réalité, il faudrait mettre un tiret entre ces deux termes, « mourir » et « célèbre ». Ils ont mis au point le « mourir-célèbre » (« *dying-famous* »). Autrement dit, la célébrité immédiatement obtenue avec la mort, par la mort – la mort en tant qu'ils la sèment et la récoltent. La célébrité ne vient plus entériner une biographie, mais une *nécrographie*. Célèbre parce qu'il est mort de cette mort-là, mort parce qu'il est célèbre de cette célébrité-là. La célébrité ne vient plus conclure une existence : elle surgit de la façon même dont cette existence a voulu se conclure. La célébrité est alors obtenue comme on obtient une femme par le viol. Hitler, monstre monumental, n'a pas « volé » sa postérité : nul n'est allé, dans son époque, et peut-être dans toutes les époques, aussi loin que lui dans la barbarie. Pour y parvenir, il fallut pourtant qu'il œuvre, qu'il pense, qu'il cherche, qu'il trouve, qu'il sonde, qu'il fore : la barbarie d'Hitler fut la barbarie d'un travailleur acharné. Nous eussions rêvé qu'Hitler ne vînt jamais au monde, cela va sans dire ; mais il a toute sa place, cauchemardesque, dans les encyclopédies du monde, dans la postérité de l'univers. Coulibaly, Abballa, Lahouaiej Bouhlel, Kermiche, en un atome d'existence, ont pris leur strapontin dans les livres d'Histoire en moins de temps qu'il n'en faut pour cligner des yeux. Postérité 2.0.

§. – Une biographie des frères Kouachi, de Mohammed Merah, d'Amedy Coulibaly (ou de Petitjean, ou d'Abdeslam) est-elle seulement possible ? En quoi serait-elle *pertinente* ? Ceux qui ont tant fait parler d'eux, ceux qui ont déclenché tant de commentaires, d'hypothèses, de débats, n'ont-ils pas *aucun* intérêt ? Coulibaly est impensable : surtout il est *inracontable*. Il est *imbiographiable*.

§. – Corruption totale d'Abballa, de Kermiche, de Salhi, d'Abaaoud. Corrompus par les islamistes, corrompus par la soif de puissance, corrompus par la volonté de notoriété. Corrompus par l'époque, qu'ils incarnent aussi bien que le *premier venu*. La vie du premier venu dépend du premier venu.

§. – Les tueurs qui visent des anonymes déclenchent, en même temps que leur macabre célébrité, la célébrité posthume de leurs victimes. Ils embarquent tout le monde dans leur morbide quart d'heure warholien.

§. – Le rêve du terroriste est moins d'aller visiter le ciel que d'avoir accès à la une de *Libération*. À moins qu'il ne s'imagine que, comme dans *Là-haut*, l'opérette de Maurice Yvain, on reçoive la presse internationale au pays des houris. Lubriques, les nuées peuvent aussi bien être informées ; la fellation journalière n'est pas de beaucoup moins improbable que l'abonnement aux journaux de référence.

§. – Les terroristes passent de la fiche S à la fiche Wikipédia. Il n'est pas très admissible (il est même très obscène) que Salah Abdeslam possède, comme Albert Camus, comme Chopin, comme Gandhi, comme Shakespeare, une fiche Wikipédia. Coulibaly jouit également de la sienne, ainsi que « Chérif et Saïd Kouachi ». Mohamed Lahouaiej Bouhlel, le « camionneur » de Nice, Adel Kermiche, l'égorgeur de Saint-Étienne-du-Rouvray, ne semblent pas avoir mérité leur entrée en fanfare sur Wikipédia. Les motifs de cette « omission » laissent pantois. On est – lugubrement – contraint à parler d'omission, quand il faudrait au contraire parler d'abus : ce n'est pas l'absence de Kermiche qui devrait nous surprendre, mais la présence de tous les autres. Son compère, Abdel

Malik Petitjean, n'est pas non plus entré dans ce *Who's Who* numérique. Que *reproche-t-on* à la fin à ces deux terroristes ? Qu'est-ce que Wikipédia, grands dieux, a contre eux ? N'ont-ils pas agi, eux aussi, comme de bons artisans de l'horrible ? Ne sont-ils pas, comme Coulibaly et les Kouachi, allés jusqu'au bout ? N'ont-ils pas fait allégeance, comme leurs confrères de l'innommable, à une organisation terroriste ayant pignon sur nos rues ? Qu'ont-ils fait de si mal pour ne pas être intronisés par Wikipédia ? Ou : qu'ont-ils fait de *pas assez mal* pour ne pas mériter de figurer dans ce navrant Panthéon de la Toile où il importe seulement d'être connu pour apparaître ?

§. – Pourquoi Lahouaiej Bouhlel ne possède-t-il pas son entrée Wikipédia ? Par quelle anomalie ? Par quelle aberration ? Tous les protagonistes de l'époque *Charlie* en bénéficient. Mohammed Merah est lui aussi intronisé, il va sans dire, dans ce saint des saints de l'Internet. (Quels sont les critères pour se faire wikipédier ? Merah, parce qu'il a ouvert la voie ? Les Kouachi, parce qu'ils furent les premiers à ne pas viser que des juifs ? Coulibaly, parce qu'il appartient à la *team* Kouachi ? Wikipédiés parce que précurseurs ?) Qu'est-ce qui justifie cet *ostracisme* de la part des instances wikipédiennes ? Quelle humiliation pour les successeurs des vétérans de *Charlie* qui pensent, à juste titre, qu'ils n'ont pas, eux non plus, *démérité* ! Faut-il supprimer ceux qui sont déjà wikipédiés ? Ou ajouter les manquants ? Cela me rappelle une anecdote racontée par Gombrowicz dans son *Journal* : à la plage, un scarabée se trouve sur le dos ; Witold retourne le scarabée. Quelques mètres plus loin, un autre scarabée, dans la même position. Witold trouve injuste d'avoir retourné le précédent sans faire bénéficier le nouveau de la même aide ; il s'exécute donc. Mais voilà que, quelques mètres plus loin, encore un troisième scarabée... Et ainsi de suite. Au bout de cent scarabées, faut-il continuer ce travail absurde au nom d'un égalitarisme *infini*, ou faire marche arrière, au nom du même égalitarisme, mais cette fois *fini*, remettre toutes les bestioles sur le dos ?

§. – Imaginons que le Larousse des noms propres fasse la même chose, obéisse aux mêmes règles « éditoriales » que Wikipédia : avec dix attentats par an pendant vingt ans (ce qui, par parenthèse, nous pend allégrement au nez), cela fera deux cents entrées aux patronymes de djihadistes, déployant leur vomitive notoriété parmi Lavoisier, Churchill, Gide ou Brecht, s'ébrouant au beau milieu de Goethe et Watt, se gaussant de leurs crimes dans le voisinage effaré de Shakespeare et d'Orson Welles. Quant à justifier leur séjour dans le dictionnaire au prétexte qu'y figurent d'autres icônes maudites (Hitler, Pol Pot...), mesure-t-on encore l'honneur qu'on leur ferait en les élisant au même rang que les grands « génies » du Crime contre l'Humanité ?

§. – Postérité inédite, postérité d'un genre nouveau, postérité-éclair, postérité immédiate, disproportionnée, postérité dégueulasse, postérité illégale, postérité biaisée, postérité obtenue non par une vie tout entière mais par le bref instant d'une agonie. C'est la première fois que des êtres pénètrent dans le dictionnaire par la mort, par le fait de mourir ; c'est la première fois qu'un si court laps de temps permet d'obtenir une place au palmarès intransigeant de la gloire. Inéquitable Panthéon.

§. – Imaginons que Coulibaly fasse son entrée dans le Larousse comme il l'a fait dans Wikipédia. Il se situerait alors entre Churchill et Custer ; Merah, entre Malaparte et Mizoguchi ; Lahouaiej Bouhlel, entre La Boétie et Bernard Lazare ; les Kouachi, entre Kipling et Kusturica ; Kermiche, entre Kant et Klimt ; Petitjean, entre Pascal et Prévert.

§. – On ne croit pas si bien dire quand on affirme que les djihadistes (que les terroristes) étaient des jeunes « sans histoire ». Au sens strict, ils n'ont *aucune* histoire – et c'est n'ayant jamais eu d'histoire qu'ils entrent impunément dedans.

§. – Lorsqu'on tape « Mohamed Lahouaiej Bouhlel » sur Google, on trouve, en « recherches associées », François Molins, procureur de Paris, Bernard Cazeneuve, ministre de l'Intérieur, et Manuel Valls, Premier ministre.

§. – Le djihadiste est aussi illustre que nous sommes anonymes. Il tue des anonymes et c'est de là, et c'est par là qu'il parvient à s'arracher à l'anonymat.

§. – Le terroriste n'a rien à prouver : il dit les choses. Mais il n'a rien à dire : il ne signe que des actes. Le terroriste ne pense pas à ne pas signer. Il paraphe des actes. Son œuvre est faite d'actes. Sa célébrité ne demande pas d'art spécial, sauf celui d'être prêt à mourir. Les artistes, les vrais, sont habituellement, sont généralement d'accord avec ceci : se sacrifier pour leur œuvre. Chez le terroriste, le mouvement est inverse, l'œuvre *est* ce sacrifice. Il n'y a pas la moindre œuvre : il n'y a que du sacrifice. La part de l'œuvre est nulle, la part du sacrifice est infinie. *Le terroriste sacrifie tout à son sacrifice.*

§. – Quel sera le visage du terrorisme à venir ? Celui d'un terrorisme où s'imposera une puérile uniformité, quand chaque attentat photocopiera paresseusement le précédent, à la façon des missions lunaires qui ne furent plus bientôt que les fades répliques les unes des autres ? Ou bien celui d'un terrorisme sans cesse innovant, sans arrêt inouï, chaque fois inédit ? Sans doute, un mélange des deux, tant on peut imaginer que le terroriste, comme l'artiste, est finalement comme tout le monde : ici la paresse, là l'inventivité ; ici le tempérament qui bâcle, là celui qui peaufine ; ici la discrétion ; là la prétention.

§. – Les terroristes peuvent-ils, en matière d'attentats, faire des « découvertes » ?

§. – L'attentat a-t-il besoin d'être *interprété* ?

§. – Le terroriste vient de tout en bas et entend monter tout en haut (dans la hiérarchie, dans la gloire ou dans le ciel) : la seule chose qu'il ne parvient ni à considérer ni à concevoir, c'est l'altitude moyenne – c'est la mi-hauteur.

7

§. – Le terroriste est aussi mort que nous sommes vivants. Un enfant, cela vient au monde le premier jour de la vie ; un terroriste, cela vient au monde le premier jour de la mort. Le premier jour pour l'enfant, c'est le dernier jour pour le terroriste. Le terroriste naît dès l'instant où il est abattu. Il triche avec la mort, puisque la mort, c'est tout ce qu'il aura vécu avant de mourir, c'est-à-dire avant de naître. Lorsqu'une balle perfore un terroriste, il a la sensation d'être à la maternité. Son dernier cri, c'est son cri primal. Sa terre natale est sa terre létale.

§. – Le terroriste kamikaze ne supporte pas notre présent fait d'avenir incertain, il préfère son avenir fait de présent certain.

§. – Le terroriste nous punit en tuant, et se récompense en se faisant tuer. Il n'est pas un mort-vivant, mais un vivant-mort.

§. – Le terroriste est un nouveau-né dans la mort ; à l'instant où on l'abat, il vient au monde, dans son monde, un monde qui n'existe pas. Ce qui nous terrorise, chez le terroriste, c'est qu'il massacre au nom de quelque chose dont nous savons qu'il n'existe pas. Si le ciel du terroriste existait, avec ses houris languides, vicieuses, au bout du voyage, au bout de la mort, nous aurions tout aussi peur d'être massacrés. Nous mourrions au nom de quelque chose qui existe ; là, nous mourons au nom de quelque chose qui n'existe pas. Si ce ciel existait, nous mourrions pour rien au nom de quelque chose ; là, nous mourons pour rien au nom de rien. Il existe plusieurs variétés du « mourir ». On peut mourir pour quelque chose au nom de quelque chose (mourir pour la France, au nom de la liberté) et cela s'appelle la Résistance ; on peut mourir pour rien au nom de quelque chose (mourir pour la France, au nom de la « paix ») et cela s'appelle la guerre de 14 ; on peut mourir pour quelque chose au nom de rien (cela s'appelle le chagrin d'amour) ; on peut mourir pour rien au nom de rien – c'est ce qu'on nomme le terrorisme.

§. – Le terroriste emporte tout le monde dans la mort, mais cette mort n'est pas la même pour tout le monde. Lui, qui a si peur de la vie, emporte dans la mort (tandis que lui croit s'emporter dans la vie) tous ceux qui ont si peur de la mort.

§. – Les terroristes ont tout aussi peur de la vie que nous avons peur de la mort. Ils agitent un maximum de mort devant nous, nous effrayant avec, parce que toute la journée, nous agitons un maximum de vie devant eux, les effrayant avec.

§. – Les terroristes voudraient que le vivre soit aussi bref que le mourir, que la durée de la vie soit aussi brève que l'instant de la mort.

§. – Naissance *in vitro* de Coulibaly : à l'instant où, passant à travers la vitrine de l'Hyper Cacher, il se fait tirer dessus. Naissance *in vitrino*.

§. – Si l'on repasse le film des carnages de Coulibaly et de Lahouaiej Bouhlel à l'envers, on verra les victimes ressusciter (revivre) et Coulibaly et Lahouaiej Bouhlel déressusciter (remourir). Pour assister à la mort de Coulibaly et de Lahouaiej Bouhlel, il faut visionner le film à l'envers. Ce qui fut leur « vie », lue à l'envers, correspond à une mort qui aura duré trente-trois ans. L'ultime fois où l'on peut voir Coulibaly, ou Lahouaiej Bouhlel, se situe juste avant que les policiers ne les abattent. L'accouchement s'est très bien passé, merci.

§. – Salah Abdeslam n'a pas eu le courage de déclencher sa ceinture explosive. Il a compris, en cet instant précis, ce qu'était la mort. Il venait de jouer avec elle toute la soirée, exécutant des innocents inoffensifs, laissant ses collègues se sacrifier au nom du djihad ; dès que ce fut à la mort de jouer avec lui, il s'est lâchement joué d'elle. Pour Abdeslam, la mort ne concerne que les autres. C'est aux autres de mourir – la mort est synonyme d'altérité. Tout ce qui est autre doit mourir ; tout ce qui meurt ne peut être qu'autre.

§. – Le terrorisme consiste à avoir, le jour J, le courage d'être le plus lâche des hommes.

§. – Mohamed Lahouaiej Bouhlel est mort au milieu des morts ; inadmissible égalité des corps. Il a mélangé sa mort à la mort de ses victimes ; les morts ne sont pas équivalentes : chaque mort est une façon de mourir. Lahouaiej Bouhlel a profané les corps de ses victimes avec son propre cadavre.

§. – Le terrorisme a inventé le soldat sans courage ; où le courage même a été remplacé par son contraire : la lâcheté. Le terrorisme installe la mort à la place de la vie, la lâcheté à la place du courage, la nécrologie à la place de la biographie. Chez le terroriste, la nécrologie et la biographie se confondent ; elles relèvent de la même catégorie.

§. – Les terroristes sont obsédés par les causes de leur mort, qui devient, par extension, la cause de la mort de leurs cibles. Ils entendent faire mourir tout le monde sous le même label, sous la même bannière, en définitive pour la même raison. Eux, en mourant, meurent pour le bien de cette cause ; leurs victimes meurent pour le mal fait à cette cause. Le terroriste refuse à sa victime la gratuité même de la mort de cette dernière – il tente de la contaminer par son combat.

§. – La cause, de plus en plus, est improvisée. La cause, de plus en plus, semble secondaire, adventice ; la dernière génération de terroristes en date est en train d'inventer la cause décorative, la cause après-coup. La cause-prétexte. La volonté de donner la mort précède le quelque chose au nom duquel la donner. La mort n'est plus la conséquence de la cause : elle n'est plus l'effet que d'elle-même. Daech tombe à pic, qui permet d'orner de son nom, de sa marque, de son sceau, une pulsion de mort. Daech a bien compris ce qu'est un franchisé : le passage à l'acte de folie, potentiel, seulement probable, simplement possible ou plausible, peut devenir efficient dès qu'une *enseigne* s'offre au désespéré : un acte qui fût resté lettre morte, ou rangé dans la rubrique « faits divers » comme simple accès de folie, meurtre passionnel, œuvre d'un déséquilibré, peut désormais espérer gagner, par le truchement de l'attentat, ses lettres de noblesse.

§. – Les frères Kouachi, Amedy Coulibaly furent considérés par le Hamas, et par eux-mêmes, comme des « martyrs » (sous-entendu : de l'islam). Yohan Cohen, Yoav Hattab, Philippe Braham, François-Michel Saada, tombés sous les balles de Coulibaly, sont des martyrs juifs. C'est « martyrs » contre martyrs : insoutenable équivalence.

§. – Yohan Cohen, Yoav Hattab, Philippe Braham, François-Michel Saada ont connu une mort plus absurde encore que celle des grands martyrs (le martyre étant cette tentative, cette possibilité pour la mort d'ouvrir sur du sens, d'en produire) : une mort sans sens, sans révélation, sans vérité, sans transcendance, une mort non pas même au nom *du* rien, mais une mort au nom *de* rien. Ils ne sont pas même tombés au nom du nihilisme. *Ils ne sont pas morts pour le rien : ils sont morts pour rien*. C'est pourquoi leur mort, plus que n'importe quelle mort, doit entrer dans une transcendance spéciale ; c'est pourquoi, s'ils ne sont pas des martyrs, ils sont les martyrs du fait qu'ils sont empêchés d'être des martyrs. Ils sont des martyrs au carré. Ils sont les martyrs de rien, et pour ce rien dont ils sont les martyrs, nous les décréterons dorénavant martyrs de tout. Ils sont les martyrs suprêmes.

§. – Yohan Cohen, qu'il repose en paix dans l'éternité, était français. Comme Amedy Coulibaly. Yohan Cohen, qu'il repose en paix dans l'éternité, aimait le rap. Comme Amedy Coulibaly. Yohan Cohen, qu'il repose en paix dans l'éternité, aimait le foot. Comme Amedy Coulibaly. Yoav Hattab, qu'il repose en paix dans l'éternité, venait d'une famille nombreuse. Comme Amedy Coulibaly. Philippe Braham, qu'il repose en paix dans l'éternité, habitait en Seine-Saint-Denis. Comme Amedy Coulibaly.

§. – Pour le terroriste, la vie n'est qu'une montagne à gravir pour parvenir à la mort. Pour lui, la vie n'a aucune valeur. Entendons : *sa* vie n'a aucune valeur. Il ne reconnaît de valeur qu'à la vie d'autrui, c'est pourquoi il tue autrui pour l'accabler de cette suppression de valeur. Mourir ne lui coûte rien parce que sa vie ne vaut rien ; tuant, assassinant l'autre, il reconnaît implicitement que la vie de ses victimes vaut davantage que la sienne.

§. – Les terroristes sont, au royaume de la mort, l'équivalent des nouveau-nés au royaume de la vie.

Le seul véritable dieu des terroristes, c'est la mort. Nous sommes entrés dans l'ère du thanatothéisme. Les terroristes évoluent dans la thanatosphère.

§. – On parle d'« attentats-suicides » : où est le suicide là-dedans ? Le suicide est confrontation avec la mort, il regarde la mort en face – le suicide, c'est lorsqu'on ne veut plus vivre. Le terroriste veut continuer de vivre. Veut, plus exactement, commencer à vivre. Si l'équivalent de la vie pour nous est pour lui la mort, alors il faut considérer que vivre est pour lui la calamité suprême. Comme pour nous de mourir. La vie qu'il mène parmi nous, c'est cela que le terroriste appelle la mort. Ce que nous intitulons la mort, c'est cela précisément qu'il nomme la vraie vie. Logique inversée. La pulsion de mort du terroriste est un instinct de vie.

§. – Lorsqu'un terroriste nous tue, nous le mettons au monde. Chacun de nos cadavres le féconde.

§. – Le terrorisme transmute le cauchemar universel (mourir immédiatement) en rêve immémorial (vivre éternellement).

§. – Le terroriste fait de l'absolument impossible (regarder la mort en face) un parfaitement possible. Le terroriste transforme l'impossible en possible ; mieux (pire) : l'impossible en probable. L'absolu de la mort est aussitôt livré à la probabilité.

§. – Les terroristes ne risquent pas leur vie : ils risquent leur mort. La vie, pour eux, n'est pas même le brouillon de la mort – la vie est ce qui *permet* la mort. (La vie est le *carburant* de la mort.) Elle n'est rien d'autre que ce qui rend la mort possible. Elle est ce qui *retarde* le commencement de la mort. La vie n'est pas le contraire de la mort, elle en est l'accès. La mort n'est pas la fin de la vie, elle en est la finalité. La mort n'est pas l'interruption de la vie : c'est la vie qui empêche la mort, et non la mort qui empêche la vie.

§. – Le terroriste réussit sa mort pour n'avoir plus jamais à ne pas réussir sa vie.

§. – Le terroriste : « Il faut vivre pour mourir, et non mourir pour vivre. » *Pour le terroriste, la vie est une question de mort ou de mort.*

§. – Le terroriste, en assassinant, fait ses débuts dans la mort. Le terroriste craint les fleurs comme nous craignons les balles. Pour un terroriste, tout baptême du feu est un baptême tout court. Le terroriste ne meurt pas sous les balles. Le terroriste *naît* sous les balles.

§. – Le terroriste n'a peur que d'une chose : vivre. La peur que nous avons de mourir, le terroriste l'a, lui, de vivre. Le terroriste a peur de la vie comme nous avons peur de la mort. Le terroriste accueille la mort comme nous accueillons la vie : naturellement. Les terroristes nous terrorisent avec la mort des autres ; eux sont terrorisés par la vie des autres.

§. – Les frères Kouachi craignaient qu'une gastro les empêche de mourir.

§. – La mort a-t-elle peur de la mort ?

§. – La courte vie d'un terroriste n'est que le trop long commencement de sa mort. Il répondra à cette courte vie par une très longue mort. Chaque jour où il existe est un manque à gagner sur les jours où il n'existera plus. Se suicider, est-ce supprimer un peu de vie à la vie, ou rajouter un peu de mort à la mort ? Mais le mot « suicide » n'est pas le bon : on se suicide pour abréger sa vie, le terroriste se fait abattre pour rallonger sa mort.

§. – Priver un terroriste de sa mort, c'est comme priver un enfant de sa mère. La mort *enfante* le terroriste. Ce n'est pas que le terroriste n'aime pas la vie : mais le terroriste n'attend de la vie que la mort. Le plus beau jour de la vie d'un terroriste est confondu avec le plus beau jour de sa mort.

8

§. – Attentat contre l'équipe de *Charlie Hebdo*, attentat au Bataclan, attentat à Nice : les mêmes carnages, sans l'expression « *Allahou akbar* », ne sont plus des « attentats », mais des règlements de comptes ou des accès de folie. Il a fallu cette estampille.

§. – Anders Breivik, le 22 juillet 2011, a assassiné soixante-dix-sept jeunes venus passer un week-end sur une île. Cette tuerie, ce carnage eut lieu au nom de la haine de l'islam. Breivik est un djihadiste à l'envers – mais un terroriste à l'endroit.

§. – Le 27 mars 2002, à Nanterre, à l'issue d'une séance du conseil municipal, un homme « inconnu des services de police », selon l'expression en vigueur, se lève et tire sur l'assemblée. Il avait dissimulé des armes sous ses vêtements. Il *réussit* un carnage – il vient d'effectuer, il vient de réaliser la seule chose qu'il n'ait pas ratée jusque-là. Il tire sur chaque élu, l'un après l'autre, méticuleusement, méthodologiquement, avec un parfait sang-froid. En cinquante secondes de tuerie, il tire trente-sept fois. Huit corps tombent, morts. On compte dix-neuf blessés, quatorze dans un état très grave. Durn est appréhendé, neutralisé par un des élus. Il se met à hurler, s'égosillant. Que hurle-t-il ? Il hurle : « Tuez-moi ! » Nul ne satisfait à cette demande. Pour la mort, Richard Durn devra patienter encore un peu. Il se l'assènera lui-même, durant un interrogatoire au 36, quai des Orfèvres, se jetant par la fenêtre d'un bureau exigu que j'ai pu visiter – depuis, on a fait installer des barreaux. Dans ce petit bureau, Durn a tout expliqué. Les aveux qu'il a faits aux policiers qui l'interrogeaient furent livrés sans problème : ils corroborent ce que Durn avait écrit dans une lettre testamentaire envoyée à une connaissance féminine (Durn n'avait ni ami ni amie). Il y notifie, il y spécifie qu'il était devenu un « mort-vivant ». Il n'y exprime aucune haine de la France : son ressentiment n'est pas national, mais local. C'est Nanterre qu'il voue aux gémonies. Il en vomit les notables, les « leaders », les « décideurs ». « Je décidais d'en finir en tuant une mini-élite locale », explique-t-il. Son but, clairement affiché, est de tuer « le plus de personnes possible » avant de se donner la mort. Il ajoute : « Je vais devenir un *serial killer*, un forcené qui tue. Pourquoi ? Parce que le frustré que je suis ne veut pas mourir seul, alors que j'ai eu une vie de merde, je veux me sentir une fois puissant et libre. » Richard Durn avait 33 ans, l'âge des frères Kouachi, d'Amedy Coulibaly, de Mohamed Lahouaiej Bouhlel – et la stricte même VDM (vie de merde). Richard Durn n'a pas crié « *Allahou akbar !* ». Richard Durn, par conséquent, n'a pas commis d'« attentat ».

§. – Définition : lorsque l'expression « *Allahou akbar !* » est dûment prononcée, lorsqu'elle est clairement proférée, on emploie, la presse emploie, la société emploie le terme « attentat » ; lorsque l'expression « *Allahou akbar !* » n'est pas prononcée, on parle de « tuerie ». On parlera donc de « tuerie de Nanterre ». On lira ceci, entre les lignes : Durn n'a même pas eu besoin du prétexte de l'islam pour transformer sa VDM en MDM (mort de merde). Il a tué à nu, sans panoplie, il a tué sans excuse, il a tué franchement. Il a assumé de tuer comme une merde. La tuerie, est-ce lorsqu'on assume la merde qu'on a toujours été ? Et l'attentat, lorsqu'on ne l'assume pas ?

§. – « Ne rien attendre des hommes, être frustré de leur amour, c'est la plus amère persécution. » André Suarès, *Sur la vie*.

9

§. – Dans le terrorisme, le présage de l'événement et l'événement lui-même sont confondus. L'acte terroriste annonce un acte à venir, « pire encore », alors que nous n'avions jamais eu à faire face au pire qui vient d'advenir. Le terrorisme va de pire en pire, mais ce n'est pas graduel : « il va de pire en pire », cela signifie qu'il quitte un pire pour un autre pire, il nous fait accroire que le prochain pire sera pire que le précédent, mais il nous trompe – nous savons bien que toute hiérarchie est nivelée, que le pire du pire du pire n'est jamais très éloigné du pire syndical. Aller de pire en pire, c'est simplement aller de branche en branche, sans processus ascensionnel. Nous en sommes arrivés à un stade, inouï, d'une horizontalité du pire. Le pire peine désormais à gravir le moindre échelon. Une altitude supérieure n'aurait pas de sens. L'horreur se déplace sur le sol du pire, à la manière du vermisseau. S'installe, au milieu de l'air vicié par la monstruosité terroristique, une banalité de la terreur : nous acceptons de voir partout l'armée en bas de chez nous, devant une boulangerie, une école. La guerre est devenue la seule modalité possible de la paix.

§. – L'attentat terroriste a cessé d'être l'exception : c'est son absence qui est devenue exceptionnelle. Les terroristes ne sont plus ceux qui se livrent à des actes hideux mais ceux qui, à cette heure, n'en ont encore commis aucun. Les terroristes ne sont plus ces hommes qui, mardi dernier, ont fait quinze victimes : ce sont ces hommes qui, depuis une semaine, n'ont tué personne.

§. – Les terroristes ont inversé la notion d'interstice – on ne slalome plus entre la mort, mais entre la vie. Auparavant, la réalité était un espace-temps au sein duquel il était possible de rencontrer la mort ; désormais, la réalité est un espace-temps au sein duquel il est possible d'y échapper. Autrefois, la vie l'emportait toute la journée sur la mort ; dorénavant, la mort l'emporte toute la journée sur la vie. Un jour de vie supplémentaire est un jour supplémentaire offert à la mort.

§. – Le terroriste est invulnérable parce qu'il n'appartient déjà plus au monde des vivants. On a toujours cru que l'invulnérabilité demandait de la force. Le terrorisme prouve qu'elle ne demande que de la faiblesse : le terroriste n'a pas la force de vivre – il n'a que celle de mourir.

§. – Mourir au lieu que de vivre, vouloir mourir au lieu que de vouloir vivre, abdiquer de la vie en faveur de la mort relève d'une faiblesse infinie, d'un manque infini de force, d'un manque *absolu* de force. On ne peut jamais rien faire contre l'infinie faiblesse. L'infinie faiblesse se situe au-delà de toutes les forces possibles. On ne peut combattre l'infinie faiblesse ni par la faiblesse ni par la force, cette force fût-elle elle-même infinie, mais la force infinie n'existe pas. Tandis qu'existe la faiblesse infinie. La force infinie n'est en réalité que l'autre nom de la faiblesse infinie. Ce qui octroie le maximum de force, c'est le maximum de faiblesse. Comment les *forces de l'ordre* pourraient-elles contrer les *faiblesses du désordre* ?

§. – Si nous nous faisons une faible idée des forces des terroristes, c'est parce que nous ne parvenons pas à nous faire une idée suffisamment forte de leurs faiblesses. À notre faible idée du fort, nous devons substituer une forte idée du faible.

§. – « Tu demandes ce qu'à mon avis il faut tout d'abord éviter ? La foule. » Sénèque, *Lettres à Lucilius*.

§. – Projet du terroriste : nous faire vivre des choses invivables.

§. – Le terrorisme nous paraît irréel dans et par l'horreur ; mais l'irréalité, pour lui, c'est la vie de tous les jours.

§. – Ce qu'il s'agirait d'atteindre afin de les vaincre radicalement, mais qui précisément est inaccessible, serait d'avoir *pitié* des terroristes. Leur vice réside aussi dans notre impossibilité définitive d'éprouver à leur égard des sentiments humains ; c'est par là que leur piège, implacablement, sur nous se referme.

§. – Le terrorisme nous *dévore*.

§. – La spiritualisation de la haine a pour nom : terrorisme.

§. – Chaque nouvel attentat fait de nous un Job moderne.

§. – Cioran (*Carnets*) (j'applique cette phrase à Larossi Abballa, à Mohamed Lahouaiej Bouhlel, à Yassin Salhi, à Amedy Coulibaly, aux frères Kouachi, à Mohammed Merah, à Abdelhamid Abaaoud, à Salah Abdeslam) : « Ces oscillations sans fin entre la ferveur et l'aigreur. » (Par parenthèse, qu'il me coûte de sans arrêt vérifier l'orthographe des noms et prénoms de ces *gens*.)

§. – Quel prétexte trouveraient les adolescents tueurs pour continuer à nous décimer si nous faisions, d'un seul coup d'un seul, allégeance à tous leurs principes et revendications sans exception ?

§. – « Et comment l'un de nous autres, qui commençons tout juste à nous façonner le caractère, résisterait-il à l'assaut des vices survenant en si grande escorte ? Un seul exemple de profusion ou d'avarice fait beaucoup de mal. La présence à notre table d'un délicat peu à peu amollit, démuscle ; le voisinage d'un riche irrite la cupidité ; un compagnon au naturel mauvais en se frottant à l'âme la plus pure et la plus sincère y a toujours attaché sa rouille. Tu imagines ce qu'il advient d'une moralité livrée à l'assaut de tout un peuple. Fatalement ou l'imitation ou la répulsion entre en jeu. Or, ce sont deux extrémités à éviter, de se faire semblable aux méchants, parce qu'ils représentent le nombre ; de se faire l'ennemi du grand nombre, parce qu'il ne nous ressemble pas. » Sénèque, *Lettres à Lucilius*.

§. – Quelles sont les qualités requises pour commettre le pire ? Les mêmes, à l'exception de la morale, que pour réaliser le meilleur. *Techniquement*, oui : les mêmes. Les mêmes que pour sauver des vies : minutie, rigueur, volonté, coordination, synchronisation, organisation, préparation, ponctualité, méthode, souci de bien faire, sang-froid. Cette constatation, plus que n'importe quelle autre, me donne la nausée.

10

§. – Le terrorisme est une tentative permanente de fin du monde. Une fin du monde artisanale, qui ne peut que momentanément, et partiellement, réussir. Le monde n'en finit pas de ne pas finir – il *résiste* : une provocation aux yeux de Merah, qui décida une fois pour toutes que la réalité n'était qu'une excroissance de sa volonté.

§. – Le terroriste hait tout ce qui pourrait l'instruire. Il fuit l'instruction au profit des instructions.

§. – Le terroriste provoque l'étonnement sans jamais s'étonner. Ce qu'il « fait » ne l'avait jamais été auparavant : il nous semble étonnant qu'il ne s'en étonne pas. Notre frayeur vient de ce qu'il ne s'en effraie pas. Pour le terroriste, l'inédit est monnaie courante. L'exceptionnel n'est pour lui qu'un travail *bien fait*. La « philosophie » du terroriste se résume d'ailleurs à cette polysémie : « C'est bien fait ! »

§. – *Martyrroriste* : un des néologismes dont nous avions besoin. Le martyrroriste, le terroriste qui s'apprête à mourir en martyr, sait d'ores et déjà qu'il sera *le seul au monde* à échapper aux conséquences de ses actes. Il s'arrache aussitôt du monde qu'il vient de modifier. Le martyrroriste ne vivra pas dans le monde nouveau qu'il a contribué à créer.

§. – Le terroriste, cependant qu'il commet son carnage, tague le réel comme on tague un mur. Il modifie le monde en direct, il fait de l'univers une matière première – on le voit tripatouiller le temps à pleines mains, faire des boucles, des lacets avec l'espace, faire des nœuds à l'Histoire. Il convoque tout, les présences et le néant, tous les morts de toutes les humanités, et les mélange à tous les morts à venir ; plus rien n'a de sens pour lui, il défait les siècles pour en faire des instants ; à partir de millisecondes, il fabrique des millénaires.

§. – Tout converge vers le terroriste ; c'est un trou noir. Il absorbe l'attention, la peur, les forces de police, les hommes politiques, les journalistes, les adultes, les enfants, les vieillards, le présent, l'avenir, les éditorialistes, les chaînes de télévision.

§. – Nous ne savions pas que le courage pouvait *à ce point* être déconnecté de la morale. Nous pensions qu'une vertu ne pouvait que venir se greffer sur la morale. Le terroriste montre, démontre, exhibe des qualités au milieu du pire – il récupère les actes de bravoure au bénéfice de l'horreur. Telle est aussi la terreur : elle emprunte au valeureux ses attributs, et jusqu'à son humanité. L'inhumain se pare ainsi d'humanité.

§. – Le terroriste entend nous faire confondre le courage et la lâcheté. Il les amalgame sans arrêt. À la lâcheté d'assassiner un enfant en le tuant à bout touchant correspond immédiatement le courage de tomber sous les balles des tireurs d'élite.

§. – Lors de la Terreur révolutionnaire, le grand débat était celui de son *utilité* : on en discute encore. Lors de la Terreur d'aujourd'hui, celle de Daech, celle du salafisme et de Coulibaly, le mot « utilité » a perdu son sens. C'est la gratuité qu'il s'agit d'étudier. « Terreur et gratuité », « terreur et inutilité » : tels sont les sujets de thèse pour demain.

§. – De quelle gratuité relève le terrorisme ? Doit-on, peut-on méditer cette gratuité ? Implacable gratuité. Abyssale inutilité. Entre la Révolution et la Terreur, il y avait, ou il n'y avait pas, de relation de cause à effet. Entre l'islam et le terrorisme, il n'y a qu'un non-lien de non-cause à non-effet. On en vient donc à définir la gratuité comme le processus exactement inverse de la causalité. Une causalité qui finit par exister du fait même de son impossibilité d'exister.

§. – Comment accepter cette gratuité du terrorisme quand on est le parent d'une victime ? Comment définir une gratuité qui *tue* ? Une gratuité qui tue ne saurait s'accepter comme gratuite aux yeux des suppliciés. Ingratuité de cette gratuité. Gratuité, mais spectaculaire : les carnages provoqués sont essentiellement des spectacles que seuls un ou deux acteurs ont choisi de représenter, prenant tous les autres en otage – les spectateurs sont des otages au second degré ; les victimes, au premier degré. Tout est pris en otage : spectacle étrange, le spectacle auquel on ne peut se dérober. Représentation spéciale, la représentation à laquelle nul ne peut se soustraire. Être forcés à assister à. L'essence même du spectacle est bafouée. Show, effroyable show, qu'on ne peut pas choisir de ne pas suivre, de ne pas regarder.

§. – Pour les islamistes, les victimes, infiniment innocentes, sont infiniment coupables. Pour les islamistes, la culpabilité des victimes est avérée par leur assassinat même. Le terrorisme islamiste consiste à rendre les innocents coupables par le seul fait de les massacrer.

§. – Le propre du terrorisme est de nous empêcher d'échapper à notre « culpabilité ». Partout où nous irons, nous serons désormais coupables. Coupables potentiels parce que victimes probables. Pour le terrorisme, il y a équivalence entre les énoncés « je suis une victime » et « je suis coupable ». Étant toujours déjà considéré par les terroristes comme une possible victime, je suis toujours déjà considéré par eux comme un possible coupable. Et *vice versa*. Ma culpabilité me rend victime, le fait d'être une victime me rend coupable. Il y a totale réciprocité de la cause et de l'effet. Les terroristes ont élaboré la culpabilité bijective.

§. – Les victimes n'ont rien pu faire pour échapper à leur culpabilité : mourir sous les balles les a transformées en coupables définitifs, avérés. Pour échapper à la culpabilité, il eût fallu échapper à la mort. À tel point que, au sujet du rescapé, Coulibaly eût pu penser : « C'est qu'il n'était peut-être pas aussi coupable que les autres. »

§. – Adel Kermiche et Abdel Malik Petitjean, égorgeant le père Hamel pendant sa messe, découvrent leur pouvoir à l'instant même où ils s'en servent. Ce pouvoir est infini : il consiste à distribuer la mort. Kermiche et Petitjean sont passés de l'impuissance minable à la puissance absolue. De l'impuissance de doryphores au pouvoir des dieux. Le pouvoir de Kermiche et Petitjean dépasse Kermiche et Petitjean – quand le tyran, quand le dieu disposent d'un pouvoir infini, c'est qu'ils sont faits, ou qu'ils se sont faits, pour ce pouvoir. Le pouvoir est une excroissance de leur personnalité. Ils ne sont pas trop petits en rapport à ce pouvoir, qui n'est que le prolongement de leur nature, de leur carrière, de leur essence, de leur vouloir, de leur travail ou de leur volonté. Kermiche et Petitjean s'octroient un pouvoir infini à la façon d'imposteurs : la mort qu'ils distribuent est une imposture de mort.

§. – Coulibaly sait-il *exactement* ce qu'il est en train de faire ? La mort n'est-elle pas trop grande pour lui ? Ne s'arroge-t-il pas éhontément un pouvoir qu'il n'a *en réalité* pas ? N'est-ce pas son impuissance, plutôt que sa puissance, qui lui fait abattre des innocents ?

§. – Quelles sont les *intentions* de Coulibaly ? Le mot « intentions » n'est-il pas, là encore, trop intelligent, trop intelligible pour lui ?

§. – Dans cette histoire, on ne fabrique finalement que des « héros » (là où il n'y a en réalité que des lâches et des innocents). Celui qui tire dans la salle d'un restaurant cambodgien, sur une terrasse ou dans une salle de concert est considéré par sa hiérarchie et par ses pairs comme un héros. Celui qui meurt pour avoir bu un diabolo-menthe, mangé une pizza ou avoir applaudi un groupe de rock est considéré comme un héros.

§. – Dans cette histoire, on ne fabrique finalement que des « martyrs ». Or, celui qui devisait sereinement avec un ami en terrasse, flirtait, riait, n'est le martyr de rien ni de personne, ni le moindre héros de quoi que ce soit : il n'est pas mort pour une idée, il n'a pas combattu pour un rêve, il n'a pas défendu la plus petite utopie – ni la moindre partie. *Il est mort parce qu'il était là* ; il est mort, gratuitement, parce qu'il fallait être partout ailleurs, mais précisément pas là. Il est mort de n'avoir pas pu faire autrement que de ne pas avoir ne pas été là.

§. – Pourquoi ne pas accepter que la mort des victimes soit gratuite ? Oui : ils sont morts gratuitement. Sans cause et sans raison. La seule manière de respecter leur mémoire, et leur mort, n'est-elle pas d'en reconnaître l'insoutenable spécificité : être mort pour *rien* ? Ils n'avaient pas de « modèle » à défendre : ils vivaient ce « modèle », dans ce « modèle ». Prendre un verre, applaudir, se détendre ne peut devenir qu'*a posteriori* un acte de courage républicain, une insolence téméraire, face aux exterminateurs – mais, sirotant telle menthe, telle bière, je ne représente rien d'autre qu'une coulée dans l'existence, une parenthèse dans ma vie sociale, un instant voué à l'éphémère, paraphé par l'oubli. Je ne suis pas un héros quand la mort m'attend là où jamais elle n'a attendu personne – je suis mieux qu'un héros : je suis un être libre, voué aux instants sans importance ; fauché dans l'un de ces instants, par une mise à mort qui ne signifie quelque chose que pour elle-même, dont les motifs ne me concernent pas, me sont inintelligibles – ma mort n'est que la conséquence d'un non-sens. Je ne meurs pas pour la France, je meurs en France. Je meurs parce qu'on me tue. *Je meurs parce que je meurs*. Je meurs parce que je n'ai rien fait. Je ne suis le combattant de rien, je ne sais même pas que je suis mort. Alors, quant à savoir *pourquoi* !

§. – Essayer d'injecter du sens dans une mort qui n'en a aucun, c'est forcer cette mort à signifier ce qu'elle ne signifie pas – c'est trahir cette mort.

§. – Les terroristes s'en sont pris à ceux qui aiment la convivialité. Il va s'agir, dit le terroriste, de remplacer le vivre-ensemble par le mourir-ensemble.

§. – Certains (mauvais) écrivains et (piteux) penseurs français (je pense à deux d'entre eux qui se reconnaîtront) sont cités et loués par Daech. Ils ont réussi à réaliser leur plus vieux rêve caché : devenir de *vrais* collabos.

§. – À quel moment du processus le terroriste qui va commettre son attentat *commence*-t-il à avoir peur ? Et à quel moment *cesse*-t-il ?

§. – L'attentat, en ce début du XXIe siècle, est en passe de devenir une nouvelle branche de l'*activité* humaine.

§. – Lorsque le terroriste *se retranche* (derrière un mur ou une porte d'immeuble comme Merah, dans une imprimerie comme les frères Kouachi, une grande surface comme Coulibaly), ce n'est là que le retranchement final d'un retranchement commencé bien plus tôt : il s'était, avant ses crimes, et pour pouvoir les commettre, retranché de la communauté des humains.

§. – Le terroriste, tant qu'il tient ses otages, pratique une terreur statistique : il sait qu'avec lui on ne peut pas savoir. Lui-même ne sait pas ce qu'on ne peut pas savoir avec lui ; mais il sait toujours qu'avec lui on ne sait jamais. Le terroriste sait toujours qu'avec lui on ne peut jamais savoir. Il jouit, au milieu du parfait accomplissement de son plan scientifiquement prévu, de la marge d'improvisation que lui permet la situation.

§. – Le terroriste ne torture pas seulement les êtres, il torture les choses. Le terroriste n'assassine pas seulement les êtres, il parvient à *assassiner les choses*. Le terroriste tue même ce qui ne vit pas.

§. – Pour le terroriste, tuer est un lieu commun.

11

§. – Le terroriste rêve d'assassiner l'Histoire : faire table rase ; il exécute non seulement des hommes, mais décapite des statues de cinq mille ans d'âge. Les hommes qu'il abat sont le prolongement de ces statues comme ces statues sont le commencement de ces hommes. Daech ne supporte pas que l'Histoire continue de se dérouler.

§. – Le terroriste islamiste prétend reconstruire le passé par sa démolition dans le présent. Le présent étant trop éloigné de ce passé, il s'agit d'effectuer un retour au passé. Ce retour au passé est en réalité un *détour* par le passé aux fins de modifier, depuis le passé et non plus depuis le présent, le passé déjà existant. Daech passe par le passé afin de substituer au passé universel un passé recomposé, au passé ayant eu lieu un passé qui *aurait dû* avoir lieu.

§. – Daech conçoit le passé comme quelque chose qu'il n'est jamais trop tard pour faire advenir : au passé passé, à l'ancien passé, il est toujours temps de préférer un passé plus neuf, un passé de substitution. Changer de passé, pour l'État islamique, permet de changer de legs, et ce changement rétrospectif de legs fait varier la définition des nations existantes, et la légitimité de leur histoire. Daech ne fait pas varier le cours de l'Histoire, mais sa source. À la fin de l'Histoire, il préfère son commencement.

§. – Daech, en détruisant des monuments, des vestiges, des traces plusieurs fois millénaires, menace tous les siècles, non pas seulement les siècles à venir, mais les siècles déjà venus. Le terrorisme invente le danger rétrospectif. Ce n'est plus le XXIe siècle tout seul qui tremble, ni même le XXIIe, mais tous les siècles qui les ont précédés. Daech menace la Renaissance. Tôt ou tard, Robespierre et la Convention seront mis en situation de craindre les djihadistes.

§. – Une guerre, cela se mène généralement contre des vivants ; dans une guerre des vivants meurent. Daech ne se satisfait point de cette définition : il élargit la guerre aux morts. Dans cette guerre, les morts ne peuvent que remourir. Mourir de nouveau, pour un mort, cela signifie tomber dans l'oubli. Mourir, pour quelqu'un, pour quelque chose qui est déjà mort, cela signifie être mis en position de n'avoir jamais existé ; la mort d'un mort, c'est l'effacement, à jamais, de son souvenir, du souvenir de ce souvenir, du souvenir du souvenir de ce souvenir.

§. – Un seul homme, à baskets, le front bas, hilare et barbu, inculte et malpoli, peut détruire en riant un lion de bronze babylonien ou *Le Couronnement de la Vierge* de Fra Angelico. Il peut brûler le manuscrit d'*À la recherche du temps perdu*, établissant un rapport entre Proust et le Coran qui, jusque-là, n'avait *jamai*s existé. Le terrorisme crée des causalités inédites, des liens inouïs.

§. – Le président de la République a prétendu vouloir faire la « guerre » aux terroristes. Cela n'a aucun sens. On peut faire la guerre à des hommes, à des groupes d'individus, à des soldats : on ne peut pas faire la guerre à des événements. Or, les terroristes sont à la fois des hommes et des événements. Ce sont des événements incarnés dans des hommes, et des hommes inséparables des événements qu'ils ont déclenchés. Le terroriste est mi-homme, mi-événement. Telle est son hypostasie. Le terroriste est un homme-événement, un événement-homme. C'est un homme qui a pris la forme d'un événement, et c'est un événement qui a pris le visage d'un homme. Il a fallu ces hommes pour produire ces événements ; il a fallu ces événements pour révéler ces hommes. Or, on ne peut livrer la guerre à un événement, même si cet événement est un homme, même si cet événement est un groupe d'hommes. Car un événement a soit déjà eu lieu, soit n'a pas encore eu lieu. On ne peut pas faire la guerre à quelque chose d'irréversible et de passé, comme on ne peut pas faire la guerre à quelque chose d'indevinable et de futur. Faire la guerre aux terroristes, c'est par conséquent faire la guerre à quelque chose qui n'existe plus ou à quelque chose qui n'existe pas encore. C'est en outre faire la guerre à une chose autant qu'à des hommes : ferait-on la guerre à un arbre, à la lune, à un courant d'air, au miaulement d'un chat, au bruit d'un avion, à un rai de lumière, à un lézard qui dort, à un vendredi matin ?

§. – Étonnante inculture, étonnante barbarie que celle de Daech, qui est une inculture qui sait où et comment détruire la culture (sites archéologiques mésopotamiens anéantis). Daech s'exclut de la culture de l'humanité en *rectifiant par la destruction* ce qu'il sait être fondamental et sans prix pour nous.

§. – Daech s'attaque aux trésors de l'humanité afin de blesser une humanité qu'il ne reconnaît qu'en refusant de la reconnaître. C'est le paradoxe de toute forme de terrorisme : reconnaître l'existence de l'autre par le truchement de sa pulvérisation. C'est pourquoi le terrorisme ne rime à rien : en anéantissant l'autre, non seulement il en reconnaît l'existence, mais il admet la supériorité de l'existence de celui qu'il supprime sur la sienne propre (l'autre le gêne, et c'est pourquoi l'autre doit être supprimé) – supériorité dont la victime ne se réclamait par ailleurs nullement. Ainsi, le terroriste crée, irréversiblement, les conditions de son infériorité.

§. – Daech, qui ne supporte pas l'idolâtrie, détruit des représentations de divinités. Mais Daech se filme en train de détruire ces manifestations de l'idolâtrie. Daech construit une iconographie : celle de Daech s'en prenant aux icônes. Effet pervers et « Vache qui rit » des barbares à l'œuvre.

§. – Les terroristes tirent à vue dans Paris, au hasard. Deviennent « soldats français », non des militaires qui doivent nous défendre, mais des civils qui ne peuvent pas se défendre.

§. – « Nous sommes en guerre », assène le président de la République. Une guerre qui n'est faite que par des civils, envers des civils. Les terroristes sont des civils déguisés en soldats, qui s'en prennent à d'autres civils. Le grand absent de cette guerre, c'est le militaire. Le militaire ne va presque pas sur le terrain, en Syrie, *là-bas* : on le transforme en policier, en France, *ici*. C'est une guerre « civile » : la première guerre où l'armée n'est *jamais* concernée en tant que force militaire. En Syrie, qui meurt ? Des civils. Le terrorisme neutralise l'armée à sa manière, comme, dans une équation mathématique, on simplifie tout à la fin, faisant disparaître les termes redondants. Tout le monde fait la guerre, hormis les professionnels de la guerre. Tout le monde meurt à la guerre, à l'exception de ceux qui sont prêts à mourir à la guerre.

§. – Les terroristes font la guerre ; ou plutôt : ils sont la guerre. Ce sont des hommes-guerre. Ils se battent avec cette arme redoutable : leur corps.

§. – Les terroristes nous font la guerre : mais pour eux, la guerre est moins guerrière que l'existence. La guerre, au regard de la vie, est un soulagement de chaque seconde. La guerre extérieure est leur seul espace de paix intérieure. Les djihadistes sont le contraire de soldats. C'est parce qu'ils ne savent pas se battre qu'ils font la guerre. C'est parce qu'ils sont incapables de combattre qu'ils (nous) tuent.

§. – En nous faisant la guerre, le terroriste tente de se faire la paix.

§. – Les futurs morts étaient allés dîner au Petit Cambodge. Pour eux, une effroyable aventure allait commencer. Ils étaient semblables, simples clients d'un simple restaurant lors d'une simple soirée, à ceux qui, barda sur le dos, étaient partis pour les tranchées. Les soldats de 1914 étaient allés à la guerre pensant qu'ils en reviendraient ; les non-soldats de 2015 sont non-allés à la guerre et en sont non-revenus.

§. – Tout est *support* pour le terroriste : l'attentat sera réalisé avec son outil de travail (exemple : un camion). L'arme du djihadiste appartient au quotidien, elle en est inséparable. Artisanat. Chacun doit tuer avec l'instrument qui lui est le plus familier – c'est le contraire de l'armée, où l'apprenti soldat doit apprendre le maniement d'une arme qui lui est étrangère. C'est l'outil qui fait l'arme ; c'est le professionnel de cet outil qui fait le djihadiste. La modalité de cette « guerre » est la quotidienneté. Tuer au quotidien des gens du quotidien avec les ustensiles du quotidien. On ne part pas au front ; le front est ici. Chez nous. En bas.

§. – On peut facilement tuer avec ce qui habituellement soigne, aide, sauve, guérit (on peut massacrer des innocents avec une ambulance). Le terrorisme repose sur le dévoiement de l'usage initial de l'ustensile ; le terroriste *prostitue* l'outil.

§. – L'outil est pris en otage, embarqué de force vers une destination qui n'est pas sienne ; la machine, l'instrument, l'ustensile, le véhicule voient leur fonction contrariée, détournée, niée par l'auteur de l'attentat. L'outil est arraisonné – on le fait bifurquer de sa trajectoire habituelle et répertoriée ; on l'emploie en contrariant son essence ; sa fonctionnalité soustraite à sa raison d'être, il devient l'aveugle objet, la chose abrutie d'une seule volonté qu'il ne peut contrarier et dont il devient passivement le complice : celle de donner la mort.

§. – Pour le terroriste, la beauté universelle est un affront personnel. Est terroriste celui qui fait de l'universel *une affaire personnelle*.

§. – Une forme d'attentat dont on ne parle jamais : les victimes collatérales, civiles, dans les villes et les villages où Daech est bombardé. Les victimes innocentes que *nous* faisons afin que Daech cesse de faire des victimes innocentes. La réponse aux attentats produit ainsi la même chose que les attentats : des gens qui meurent également chez eux, dans la rue, sans avoir rien fait de mal, à part être sortis de chez eux (parfois, ils y sont même restés). Toute représaille à la tuerie est une tuerie – les cadavres civils syriens, irakiens, libyens sont à ranger aux côtés des cadavres civils français. Abdeslam et sa bande ont fait des victimes ici *et* là-bas. L'attentat se diffracte, diffuse, change de géographie ; l'attentat se poursuit jusque dans ses propres conséquences, sous la forme de réponse militaire – *la riposte à l'attentat fait partie intégrante de l'attentat.* Dans l'ADN même de l'attentat, il y a le prolongement de l'attentat. Ce qui vient le contrer, l'empêcher, son contrepoison en quelque sorte, s'avère aussi mortifère, dramatique et coûteux en vies humaines.

§. – 13 novembre 2015, Petit Cambodge et Bataclan. Le terroriste fait la guerre sans jamais livrer bataille.

§. – « La position la plus désavantageuse dans laquelle un État belligérant puisse être conduit correspond à l'incapacité complète de combattre. » Clausewitz, *De la guerre*.

§. – 13 novembre 2015, terrasses parisiennes. Le terroriste fait la guerre sans jamais combattre. Ni être combattu.

§. – Terrorisme : le plus faible déclare et fait la guerre au plus fort. Et vit dans la perpétuelle illusion de la gagner.

§. – Pour Clausewitz, la guerre est une « lutte incessante contre l'imprévu ». Le terrorisme est une lutte incessante contre l'imprévisible.

§. – Le terrorisme est une lutte incessante contre l'impensable.

§. – En quelle année, exactement, la guerre a-t-elle cessé d'être un *art* ?

12

§. – Le 26 juillet 2016, à Saint-Étienne-du-Rouvray, Adel Kermiche et Abdel Malik Petitjean, égorgeant en l'église Saint-Étienne le père Hamel, étaient en *tournage*. Les deux djihadistes ont contraint Guy Coponet, un ancien ouvrier de 87 ans (criblé de coups de couteau peu après), à filmer l'exécution de l'abbé : « Ils m'ont attrapé par le colback, témoignera-t-il, m'ont mis une caméra dans les mains et m'ont dit : "Papy, tu filmes !" Ils venaient même vérifier la qualité des images et constater que je ne tremblais pas trop. J'ai dû filmer l'assassinat de mon ami le père Jacques. Je ne m'en remets pas. » Le 9 janvier 2015, lors de la tuerie de l'Hyper Cacher, Amedy Coulibaly était lui aussi en tournage. Les témoins ont tous vu, autour de son cou, une caméra GoPro. Ces scènes de carnage se devaient aussi d'être des scènes de tournage. Kermiche, Petitjean, Coulibaly furent ces jours-là en même temps les scénaristes, les dialoguistes, les chefs opérateurs, les réalisateurs et les acteurs de leurs courts-métrages. Daech, Al-Qaïda au Yémen en furent les producteurs.

§. – Leur carnage ne saurait être rendu, restitué, reconstitué quelque jour *au cinéma* : puisque nous savons que le film original existe, irréel par sa cruauté, surréel par ses conséquences. La notion de film s'évapore. S'agit-il d'un témoignage ? Non : puisque Kermiche, Petitjean et Coulibaly sont les créateurs du chaos ; le témoin se doit d'être un tiers. Est-ce un reportage ? Non, pour les mêmes raisons. Est-ce une preuve ? Mais de quoi ? Les cadavres amoncelés sont là pour prouver leur propre mort. Est-ce une provocation ?

§. – C'est, d'abord, l'affirmation, désespérée, d'une impuissance à créer transfigurée par une surpuissance à détruire. Inversion du processus créatif : non pas filmer de la fiction produite par une puissance créatrice, mais filmer de la réalité produite par une puissance destructrice. Tenter de faire s'équivaloir la création et sa négation. Faire muter cette impuissance avérée en puissance absolue : se venger de l'incréation par la surcréation.

§. – La surcréation, qui est un au-delà de la création, est ce qui dépasse la création comme la vie éternelle, qui est une sur-vie, un au-delà de la vie, surpasserait la vie temporelle. Mais l'accès à la vie éternelle passe nécessairement par l'étape de la mort, c'est-à-dire du suicide, c'est-à-dire de la destruction de soi ; l'accès à la surcréation passe par conséquent par l'étape de la destruction de l'œuvre. L'œuvre à accomplir, la seule œuvre qui vaille, est celle qui mettra en scène, qui illustrera la mort de toute forme d'œuvre.

§. – Mort du langage, mort de l'image, abolition de la frontière entre la réalité et la fiction *puisque* abolition de la frontière entre la vie et la mort.

§. – La vie n'étant plus qu'un adventice avatar de la mort, la réalité ne devient plus elle-même qu'un sous-compartiment de la fiction. De la même manière que Coulibaly, Kermiche et Petitjean ont déjà quitté la vie, ils ont également déjà quitté la réalité. Ils ne sont plus des vivants qui font des images de la réalité, mais des morts qui produisent des images de fiction. La réalité qu'ils ont déclenchée n'est réelle que pour nous ; ce qu'ils sont fiers de laisser, c'est le produit de leur fiction, c'est leur art personnel comme destruction instantanée de tout l'art des siècles, de tout l'art du monde depuis que l'art est. Tous ceux qui s'en prennent à l'art ont la prétention de croire qu'ils sont des artistes inversés, des artistes en négatif, étant à l'art ce que la vie est à la mort.

§. – Est-ce que Coulibaly, Kermiche et Petitjean *filment pour tuer*, ou est-ce que Coulibaly, Kermiche et Petijean *tuent pour filmer* ? Quel rôle joue le film, dans leur tuerie ? Quel rôle joue la tuerie, dans leur film ?

§. – Les jeux de télé-réalité ont besoin de la réalité pour asseoir leur minable fiction ; les terroristes de Daech ont besoin de la fiction pour installer leur épouvantable réalité. Ne fera-t-on aucun autre lien ? Il semble que la *célébrité* soit au cœur des motivations.

§. – Utiliser l'arme de la caméra n'est guère nouveau. La propagande a toujours existé. Mais la propagande nazie ne cherchait qu'une seule chose – de même que la propagande soviétique : masquer la réalité par l'image d'une autre « réalité ». Proposer, à la place des horreurs commises, des images idylliques. Transmuer le cauchemar en rêve ; transformer, par le « reportage », l'enfer en paradis. Tandis que la propagande, chez Daech, est tautologique : *elle montre ce qu'elle fait, elle fait ce qu'elle montre*. Autrement dit : les moyens, les techniques du mensonge sont mis au service de la vérité. La réalité est montrée selon les modalités habituellement réservées à la fiction – que cette fiction soit celle du mensonge politique ou du mensonge cinématographique.

§. – En 1944, les nazis « commandent » à l'acteur (il avait joué dans *L'Ange bleu*) et réalisateur juif Kurt Gerron, interné au camp de Theresienstadt, un film destiné à dévoiler au monde entier le « véritable » visage de l'univers concentrationnaire, dont il s'agit de montrer les agréments, les délicieuses conditions de vie. La mission, « acceptée » par celui qui avait refusé jadis d'aller travailler à Hollywood mais fut macabrement rattrapé par le destin, est de donner au camp de la mort les apparences d'une insouciante, d'une bénéfique, d'une généreuse, d'une profitable villégiature. L'image, la mise en scène pourvoiront à cette métamorphose de l'impossible. Titre du film (modifié après guerre) ? *Theresienstadt. Der Führer schenkt den Juden eine Stadt* (« Theresienstadt. Le Führer offre une ville aux juifs »). Le sous-titre original est *Ein Dokumentarfilm aus dem jüdischen Siedlungsgebiet* (« Un documentaire sur la colonie juive »).

§. – En guise de reconnaissance, en manière de remerciements pour solde de tout compte, Gerron, sa femme et l'intégralité de l'équipe du film furent envoyés dès après le tournage au camp d'Auschwitz, où ils périrent dans les chambres à gaz. Gazés selon le scénario, cette fois, de la réalité réelle. Il n'y eut personne pour filmer leur mort. Qu'attendaient les nazis de ces manipulations par l'image ? Séduire, rassurer la communauté internationale, mais aussi, mais surtout, dissimuler, habiller, maquiller, travestir la destruction des juifs aux fins de pouvoir mieux la *mener à bien*.

§. – Face à la propagande, deux choix possibles : se laisser endormir, piéger, ou bien douter de toutes ses forces. La propagande peut tout aussi bien aiguiser l'esprit critique, réveiller les consciences, qu'abrutir ou en abuser d'autres. Du moins est-elle la proie des suspicions, des interrogations, des enquêtes. Du côté de chez Daech, la propagande est inversée : elle ne déguise pas la barbarie, elle l'exhibe, mieux : elle s'en vante. Un jour viendra où Daech, qui emploie des équipes professionnelles, possède sa propre société de production, son logo, ses « dir prod » et ses réalisateurs, proposera, façon *Le Cuirassé Potemkine*, un long-métrage de fiction sans la moindre fiction. Y seront massacrés, brûlés vifs, décapités des acteurs non professionnels comme autant de mécréants. Nous avons déjà pu en apercevoir quelques extraits, des courts-métrages, des bandes-annonces, des *teasers*. Les noces du réel et du fictif sont bousculées, modifiées, révolues : la fiction n'est plus là pour remédier à la réalité, pour en proposer une alternative, elle n'opère plus comme une vérité de substitution, mais comme une vérité de confirmation ; la propagande de Daech est une fiction qui *valide* la réalité.

§. – Pour une fois, pour la première fois, la fiction et la réalité s'aiment à la folie. Elles s'emboîtent. Elles se confondent. Crapuleusement, elles s'associent ; elles s'accouplent. Cela faisait des années que le terrorisme attendait ce moment où l'horreur et le divertissement s'entredigèrent.

§. – La branche cinéma de Daech est incarnée par un ancien rappeur berlinois, Deso Dogg. Le rap, c'est ce mélange, ç'a toujours été ce mélange, de jeunesse, de violence et de clips. Les rappeurs ont toujours aimé s'inventer des situations de règlements de comptes, de bande à bande, aux fins de saupoudrer d'un peu de mort, d'un peu de macabre, d'un peu de liturgie punk, leurs infernales puérilités. Leur musique, arrogante, revendicatrice, provocatrice, tendait à les orner d'une parure de caïds, de guerriers de la zone. Leur fiction appelait la réalité à venir la rejoindre ; la guerre des gangs, d'abord imaginaire, d'abord fantasmée, aggravée par la fiction des refrains et des clips, finissait par déborder dans la réalité comme les aventures de Bambi se fussent poursuivies dans une véritable forêt, sans musique, sans technicolor, avec des lapins réels et de vraies saisons. La fiction était fière, chez les rappeurs clipeux, de finir par déclencher une certaine portion de réalité, d'emmener cette réalité avec elle dans son imaginaire délire. Si bien qu'au nom de deux ou trois chansonnettes, on pouvait véridiquement finir la peau trouée. Pour Daech, il en va différemment. La réalité est déjà là, installée, véridique, dure, posée sur le monde, inscrite dans son économie ; mais Daech sait trop bien que la fiction seule (celle du divertissement) parvient à effrayer *vraiment* les esprits occidentaux.

§. – Il y a bien longtemps que l'Occidental moyen a délaissé les horreurs relayées, montrées dans les journaux télévisés pour se consacrer exclusivement au divertissement, aux séries télévisées, aux images, aux jeux vidéo, aux clips glanés sur le Net. La réalité réelle a perdu en intérêt ; son atrocité s'est peu à peu vidée de son attrait. D'abord, parce que la réalité réelle ne concerne pas suffisamment chacun – chacun ne s'intéresse plus qu'à ce dont il est le protagoniste, le « héros ». Ensuite, parce que *formellement*, la réalité réelle n'offre pas un spectacle *à la hauteur*.

§. – L'Occidental moyen, consommateur de sensations spectaculaires, de productions américaines de plus en plus inouïes, le plus souvent en 3D, ne parvient plus à être concerné par des vidéos blafardes, abstraites, aux couleurs passées (quand elles ne sont pas en noir et blanc) qui rappellent les vieilles années 80. Voir des terroristes avant un attentat sur des images produites par une vidéo de surveillance ne l'interpelle pas. Les images « réalistes » ne parviennent pas à le concerner. Cela posait un sérieux problème au terrorisme, dont la raison d'être est de propager l'effroi. Comment contaminer le réel, sinon en le faisant s'infiltrer dans le spectacle ?

§. – Daech a tout compris : sans le support du spectacle, qui seul effraie, qui seul maîtrise le cahier des charges de l'effroi, qui seul promet des secousses, qui est devenu la seule forme sous laquelle l'Occident accepte d'être surpris, le réel restera au bord de la route, recroquevillé dans un document filmé blafard et hors temps, aussi abstrait, aussi inoffensif qu'un film de vacances de 1972 retrouvé dans un grenier, qu'un film de vampires de Louis Feuillade tourné en 1915. La réalité étant devenue un cas particulier de la fiction, c'est par la fiction qu'elle devra, qu'elle pourra retrouver toute sa dignité, sa grandeur – son honneur.

§. – Daech a parfaitement intégré que le passage par l'imaginaire est devenu la seule manière de *montrer* (le monstre est d'abord ce qui se *montre*). La mise en forme du réel avec les moyens et sous les apparats du divertissement hollywoodien n'est donc pas une « adaptation » du réel sous forme de fiction, ni même une « traduction » : elle en est devenue la condition.

§. – Commettre une horreur signifie aujourd'hui que l'on commet une horreur *filmable*. En outre, la *filmabilité* autorise de commettre des horreurs. La réalité n'est plus seulement la condition de la fiction ; la fiction est devenue la condition de la réalité.

§. – « Cela peut faire une belle scène » : naît, ainsi, une torture nouvelle, sélectionnée pour sa seule cinégénie – l'exemple du pilote jordanien, Maaz al-Kassasbeh, mort dans les flammes de sa cage en est le parfait exemple, avec ses plans de coupe et ses angles diversifiés. La réalité justifie la fiction qui, à son tour, justifie la réalité. La réalité a enfin trouvé une mise en images à sa hauteur – mise en images qui, soudain, confère à la réalité des idées inédites, comme un metteur en scène, arrivant dans un nouveau décor ou rencontrant des nouveaux acteurs, est assailli d'idées neuves auxquelles il n'avait jamais pensé dans son bureau, mais que le réel, tout à coup, et en pagaille, lui suggère. Les possibilités de mise en scène de la barbarie enrichissent les possibilités de barbarie. Le cinéma donne des ailes à l'horreur. Loin de déréaliser le réel, la cinématographisation des actes le renforce, proposant une réalité *plus réelle*, une réalité au carré, puisque entre-temps, la réalité en était arrivée, dans les pays d'*entertainment*, à se *soumettre* à la fiction.

§. – Jusqu'aux années 2000, la réalité et la fiction vivaient deux existences séparées, dans deux univers distincts, proposant deux cosmos parallèles. L'on pouvait choisir l'une ou l'autre, tantôt l'une, tantôt l'autre. Doucement, inéluctablement, le virtuel a supplanté le réel. Le réel est devenu le parent pauvre du virtuel. Le réel est devenu une obligation, une sorte de récréation à l'envers. Nous en sommes arrivés à le considérer comme des plages nécessaires – bien que rébarbatives – entre deux séjours dans le virtuel, entre deux vacances au pays de la fiction. Nous en sommes arrivés à ne considérer la réalité que comme l'interstice d'un ailleurs plus ludique où nous avons décidé de nous installer pour toujours.

§. – Le virtuel est devenu notre seule terre d'accueil, notre principale référence, notre principale *résidence*, reléguant le réel au rôle de résidence secondaire, de maison de campagne dans laquelle nous ne mettons quasiment jamais les pieds.

§. – La réalité, au XXIe siècle, est adventice. Elle est seconde – elle est *optionnelle*. Non seulement nous la fuyons, mais la considérons comme à fuir. Nous la fuyons, non comme en ce vieux XXe siècle, au sens où nous voulions nous en évader ponctuellement, sporadiquement, comme nous prenons des vacances, comme nous prenons « congé de ». La réalité, au XXIe siècle, nous la fuyons comme la peste. Nous ne voulons plus avoir rien à y faire.

§. – Daech partait mal : nous nous fichions de ses exactions, de ses menaces, de ses décapitations – toutes ces atrocités appartenaient à une réalité que nous désertions sans arrêt, une réalité dans laquelle nous acceptions encore un peu d'aller travailler, de payer des impôts, mais pour nous y soustraire à la première occasion, parce que le plus souvent dans cette réalité nous n'étions, nous ne sommes rien, parce que de cette réalité nous ne sommes jamais les protagonistes, parce que de cette réalité nous ne sommes (pratiquement) jamais les acteurs – quand les jeux vidéo, pour leur part, nous proposent un univers où tout ne tourne qu'autour de nous, un monde où nous faisons et défaisons tout, où nous *régnons*. L'interactivité fut inventée pour me donner l'importance que la réalité réelle me dénie, m'attribuer la valeur que la réalité réelle me chicane. L'interactivité me *déshumilie*.

§. – La « réalité réelle » possède une concurrente désormais intitulée « réalité virtuelle ». La réalité telle que nous la concevions jusqu'à la fin du XXe siècle a fait son temps. C'est une réalité périmée. Le monde dans lequel l'humanité avait vécu jusque-là n'est plus aujourd'hui qu'une *option*. La réalité réelle est devenue une réalité optionnelle.

§. – Le verbe « être » n'a plus le même sens que jadis. Qui est le « je » qui s'exprime ? Celui qui est là, dans le monde chosal des choses, dans le monde qui pique, celui des médecins, des impôts, de la mort, ou l'*avatar* de ce « je », parti jouer ? Nous sommes, pour la première fois dans l'histoire de l'humanité, plongés dans deux réalités à la fois, un peu ici et beaucoup là-bas – c'est ce qu'annoncent les révolutions comme le Rift d'Oculus VR (pour « *virtual reality* ») ou le Morpheus de Sony, casques assortis de lunettes dont la fonction est de fournir à notre cerveau sa dose d'ailleurs. L'ailleurs n'est plus une destination ; il est d'ores et déjà devenu un produit.

§. – Un journaliste de *Libération* a testé un de ces casques : les mots lui manquent, évidemment – et nous sommes là au cœur même du problème : « Il faut alors s'adonner à l'exercice périlleux d'expliquer avec des mots ce qui relève de la sensation intime, d'un ressenti autant physique que visuel. » Tout est dit : on ne peut rien en dire. Les mots ne pourront rien dire de plus. Ils ne peuvent plus rien pour nous. Il est devenu possible, depuis son salon, de flotter parmi les satellites de Jupiter. Demain, Daech (ou de semblables organisations) qui, comme l'industrie du porno, se montre toujours très avide de nouveautés technologiques, mettra en circulation des logiciels où chacun, engoncé dans son canapé, pour une poignée d'euros, à l'aide d'un simple joystick, pourra (tandis qu'autour de lui on dégustera la galette des rois) se trouver en plein désert en train d'égorger un touriste japonais, un ingénieur suédois ou un étudiant néo-zélandais.

§. – Daech a développé plusieurs départements cinéma – dont un spécialisé dans le « gore ». Il produira, demain, des films « à la manière de » (Tarantino, Verhoeven, Spielberg, etc. – Bergman est peu probable), mais également des dessins animés, des films en 3D, des comédies musicales, des séries en plusieurs saisons avec de vrais otages. Daech a réinventé le *snuff movie*.

§. – Il y a, dans *Hamlet*, une scène extraordinaire : celle des comédiens. Hamlet les forme, les dirige. Il exige d'eux la perfection (Daech vise à une certaine *imperfection*). Si la mise en scène est ratée, la conséquence dans la réalité sera nulle et sans le moindre effet. Ce sera un coup pour rien. Le roi, assassin de son propre frère et père de Hamlet, supporte mieux la réalité que la fiction qui met cette même réalité en scène. Comme l'écrit François-Victor Hugo : « Lui qui n'avait pas reculé devant le crime réel, il recule devant le crime fictif. Lui, le fratricide vrai, il fuit devant le fratricide imaginaire » : Daech a intégré que les civilisations occidentales fuient davantage devant l'imaginaire que devant le réel.

§. – Il faut considérer trois étapes dans l'imaginaire. Première étape : l'imaginaire (la mise en scène, la représentation) qui invente une horreur n'ayant pas eu lieu – ce n'est ni le cas dans *Hamlet* ni chez Daech ; deuxième étape : l'imaginaire (la mise en scène, la représentation) qui retranscrit, qui re-présente une horreur ayant eu lieu par le passé – c'est le cas dans *Hamlet* mais pas chez Daech ; troisième étape : l'imaginaire (la mise en scène, la représentation) d'une horreur ayant lieu en ce moment et se confondant avec lui. L'imaginaire comme modalité de représentation du réel.

§. – Dans quel but ? Dans celui – voir *Hamlet* – de conférer un maximum de réalité à la réalité. La mise en scène, l'appel aux procédés de la fiction, a pour effet d'injecter davantage de réel dans le réel. De surcrédibiliser le crédible. La révélation, le dévoilement du crime, de la barbarie, du carnage, ne peut se faire que par la méticulosité de professionnels de la mise en scène. « Si la représentation marche bien, écrit François-Victor Hugo, le résultat est certain. Plus le geste du meurtrier imaginaire sera vrai, plus l'épouvante du meurtrier réel sera visible. » Daech s'engage plus loin encore dans le raffinement, et il faudrait écrire, inversant le procédé : *plus le geste du meurtrier réel est faux*, plus l'épouvante du meurtrier réel sera visible.

§. – *Daech plagie la fiction pour produire de la réalité*. La fiction est devenue tellement plus réelle que le réel, qu'il s'agit de s'appliquer à reproduire les imperfections de la fiction à la perfection. De reproduire, le plus fidèlement possible, ses aberrations, ses tics, ses approximations – ses ficelles. Seule la parodie du réel parvient à l'effet de réel recherché.

§. – Les artistes de Daech, à l'instar de Tarantino parodiant des nanars en conservant leurs tares et leurs manquements, leur bancalité, leurs travers, obtiennent de surprenants résultats, saisissants de réalisme, en répliquant, de manière maniaque, les incohérences propres au tournage et au montage des productions cinématographiques. Exemple de ce procédé : la poupée, le mannequin qui, dans la « scène » insupportable de l'otage jordanien brûlé vif, sert non seulement de plan de coupe, mais permet de faire jaillir à partir du faux, du grotesque, du « c'est un peu gros », une réalité au réalisme chimiquement pur, une réalité paroxystique, puisque la réalité ainsi rendue est conforme à la façon dont elle est désormais appréhendée, conçue, consommée dans nos pays où règne le divertissement, pays parvenus au stade ultime de la société du spectacle.

§. – Il s'agirait de réécrire intégralement la célèbre scène de *Hamlet* à l'envers, du côté, non de la sobriété, mais de l'exagération – ce, au nom de la crédibilité ! Déréaliser pour surréaliser. Voilà le macabre (et pervers) travail cinématographique de Daech.

§. – Hamlet donne ses directives aux comédiens : « Prononcez-moi cette tirade, légèrement, comme je vous l'ai appris ; morbleu ! ne la braillez pas, comme font beaucoup de vos acteurs. » Version Daech : « Prononcez-moi cette tirade, légèrement exagérée, comme je vous l'ai appris ; par Allah ! braillez-la un chouia, comme font beaucoup de leurs acteurs. » Daech fait du Hamlet « plus plus ». Du Hamlet en temps réel ; du Hamlet où le spectacle, pour exprimer la réalité le plus justement possible, est contraint de se plier à ce que la réalité est devenue : un prolongement du spectacle, une annexe du divertissement, un avatar de film d'action. Daech fait du Hamlet 2.0. Il y a eu déformation de la réalité comme il y a déformation des ondes lumineuses aux abords d'un corps massif dans l'univers. Il y a une *déviation* de réalité. Il y a eu détour, il y a eu détournement. Non plus strictement, non plus seulement divertissement, mais *diversion*. La réalité est obligée de passer par la fiction pour être vue, perçue – appréhendée, consommée, *intégrée*.

§. – La réalité, tel le rayon lumineux contournant une masse gigantesque dans le ciel, ne peut plus, ne sait plus nous parvenir *directement*. Il y a, désormais, un passage obligé. Il y a un détour obligatoire. Sans ce détour, plus d'accès au réel, plus de réel du tout : ça passe ou ça casse. La triviale réalité, brute, brutale, qui venait nous piquer directement la rétine, nous éblouir, nous décevoir, nous étonner, nous surprendre, nous blesser, doit à présent procéder à une étape intermédiaire pour nous atteindre ; elle doit, sur le chemin qui jadis la menait vers nous selon une ligne droite, opérer un lacet, endosser une panoplie ; un ornement, un déguisement, une perruque, et ainsi travestie, ainsi reconnaissable, ainsi identifiable, ainsi *intéressante*, ainsi digne d'un éventuel intérêt, être accueillie par nous avec le même appétit que celui qui nous fait applaudir à un film catastrophe, à une production pour box-office. Sans ce recours à la chirurgie esthétique, sans cette séance de maquillage, sans cet effort de présentation, la réalité, qui n'aurait que les pauvres atours du réel, atours blêmes, défaits, gris, vieux, désuets, ne présenterait point suffisamment d'agréments pour avoir le droit de nous faire peur. Si la réalité refuse cette mascarade (au sens strict : cette pose de masque sur le visage), elle ira se faire voir ailleurs – c'est-à-dire nulle part, puisqu'il n'y aura plus personne pour avoir envie de la regarder.

§. – La fiction est devenue le seul canal par lequel la réalité ait encore le moyen de se faufiler pour nous parvenir, nous joindre, nous *concerner*. Pour s'en persuader, il suffit de regarder, en allant sur le merveilleux site de l'INA, n'importe quel journal télévisé de 1975, époque où la réalité apparaissait sous des allures réelles, sans apparat, sans robe de soirée, sans mise en scène, sans suspense, sans compte à rebours – il n'y avait point encore cette westernisation des actes terroristes (pourtant, le terrorisme sévissait déjà, l'Italie notamment était à feu et à sang), il n'y avait point encore de *dramatisation*. Certes, les chaînes d'informations permanentes n'existaient pas ; mais c'est que ces chaînes elles-mêmes, pour se rendre indispensables, non pas simplement passionnantes mais tout simplement *regardables*, et regardables le plus longtemps possible (idéalement vingt-quatre heures sur vingt-quatre), ont dû se mettre au diapason des séries américaines en fabriquant de l'intrigue même (et surtout !) quand les faits étaient archipauvres en rebondissements. Les journalistes ne bénéficiant pas des moyens de Daech, ils ont fabriqué du suspense low-cost, façon *Derrick*, avec des caméras fixes sur les néons d'une rue vide (rue dans laquelle un terroriste était censé être passé sept heures plus tôt ou serait passible d'apparaître à tout moment), d'une part ; d'autre part, à force de commentaires. Voici le HBO du manant. On fait monter la sauce, mais le plat n'arrive jamais ; comme le plat n'arrive jamais, on commente ce plat, puis on en vient à commenter le fait qu'il n'arrive jamais.

§. – Du commentaire du plat, on en est arrivé au commentaire du non-plat, au commentaire de l'absence de plat. Du commentaire du fait, on est parvenu au commentaire de l'absence de ce fait. Une action qui ne se déroule pas, ce n'est pas une action qui ne se déroule pas : c'est une non-action qui se déroule. Au lieu de ne pas commenter ce qui décidément n'arrive pas, ne *veut pas* arriver, on commente non seulement ce qui n'arrive pas, ce qui décidément ne veut pas arriver, mais on commente le fait que cela *n'arrive pas*.

§. – Le fait, par un coup de baguette magique, a cessé d'être ce qui arrive, ce qui advient, pour devenir ce qui n'arrive pas, ce qui n'advient pas. On aura ainsi toute légitimité pour le commenter, puisque ce rien qu'il était a fini par devenir quelque chose ; et lorsqu'il n'y aura plus rien à commenter à propos de cet ancien non-fait élevé pour la circonstance au rang de fait, on commentera le commentaire de ce « non-fait » hissé au rang de « fait ». Le commentaire s'épuiserait-il, qu'on trouverait le moyen de dire quelques mots au sujet de cet épuisement lui-même, ce, jusqu'à épuisement ! Jusqu'à ce que quelque chose bouge enfin dans un buisson, sous le néon de tout à l'heure : ce quelque chose était un mulot. Un spécialiste des rongeurs est attendu de toute urgence sur le plateau.

§. – Ce que nous dit donc, *aussi*, le fameux passage de *Hamlet*, c'est que le roi assassin fut parfaitement capable de commettre dans la réalité un crime qui le met mal à l'aise quand, via la fiction, grâce à la fiction (à cause d'elle), il semble en réaliser véritablement l'ampleur. Ce qui signifie que nous sommes capables de commettre dans l'existence des choses dont la gravité ne peut être appréhendée que par le support de l'imaginaire. La fiction, loin de déresponsabiliser, responsabilise. Trait de génie de Shakespeare ! Grâce à Hamlet, nous comprenons que le passage par la fiction, l'assise sur ce support qu'est la fiction, n'est absolument pas ce qui pourrait expliquer (« légitimer ») davantage de cruauté dans les actes – au sens où le tortionnaire, ayant la sensation de participer à un tournage, se ferait accroire à lui-même que tout cela est pour de faux, que le « pour de faux » faciliterait le « pour de vrai » du geste. Le recours à la mise en scène n'est pas l'équivalent de l'absinthe des tranchées, un adjuvant pour se voiler la face et faciliter la décapitation ou la crémation d'un innocent. C'est exactement le contraire : chez Daech, les horreurs sont d'autant plus aisément commises qu'elles sont d'abord conçues dans la réalité, par la réalité, au nom de la réalité – la peur de Daech, sa peur perpétuelle, est que cette réalité ne soit jamais suffisamment crédible, jamais suffisamment *réelle*.

§. – Postulat des temps post-spectacle : une réalité n'est jamais *suffisamment* réelle. C'est en la trafiquant qu'on la vendra comme pure. *Pour que la réalité soit réelle, elle ne doit pas être* exagérément *réaliste*.

§. – L'horreur ne se rencontre pas si facilement sous la forme du spectacle. Il s'agit de la *rendre* spectaculaire ; la peur doit devenir elle-même un spectacle – un spectacle permanent. La peur ne se « voit » pas, il va cependant falloir la *montrer* ; la faire exister, comme on fait exister un personnage. « Chacun de vous est appelé, tôt ou tard, à jouer dans un de nos films » : tel est le message de Daech. Message qui proclame en outre : « La réalité, nous la formatons à notre guise, nous en sommes les scénaristes, les décorateurs, les dialoguistes ; le monde n'est plus que le réceptacle de nos synopsis. Ce que vous nommez la réalité, nous la confisquons – elle n'est plus, au mieux, que le fruit de notre imaginaire, dans lequel vous êtes faits comme des rats. Dans un film, tout est écrit à l'avance : nous écrivons chaque jour ce qui bientôt vous arrivera (ne manquera pas de vous arriver). Nous écrivons le monde et les journées du monde. Nul n'échappera à nos équipes. La terre est devenue notre plateau de tournage. *Terror studio*. Nous avons des rôles pour tout le monde, du premier rôle au figurant, nous avons besoin de toutes et de tous, c'est une production mondiale, internationale – femmes, enfants, vieillards, animaux ; tout ce qui vit est susceptible d'apparaître sur nos écrans, sous la forme de mort filmée. Nous donnons la mort par le film, nous injectons la mort en une seule ou plusieurs prises, moteur, silence, ça tourne ! À notre égard, vous ne possédez que le petit pouvoir, que le navrant pouvoir des critiques de cinéma face à l'industrie des studios – petit éphémère pouvoir de nuisance, minuscule, qui n'empêchera jamais un film de se faire, de sortir, d'obtenir tous les succès qu'il mérite. Nous cherchons de la matière à filmer. »

§. – « Et tandis que nous vous tuons par l'image, nous tuons les images. Nous détruisons les figurines de Babylone, ses statues, ses dieux représentés, ses idoles, ses lions massifs, ses colonnes géantes et ses reliefs. Et nous faisons des images des images que nous détruisons. Et nous faisons des images avec les images que nous massacrons. Et nous détruisons l'image par l'image. Et elle se dissout en elle. Et cette iconophobie vire à l'iconophagie. »

§. – Les séquences « daéchiennes » sont filmées sous trois, quatre, (parfois) cinq angles différents, sont entrecoupées (souvent) d'images d'archives, d'images documentaires (en général des plans de victimes de bombardements occidentaux), comme dans les films de Sokourov.

§. – Les images sont toujours proposées en haute définition. Entendez : les amateurs, chez nous autres, n'ont point leur place. Qui sait produire des images de qualité, de grande qualité, de haute qualité, saura tout aussi bien agir ès qualités quand il s'agira d'égorger.

§. – Ces petits films, réalisés avec de très gros moyens, par de très bons professionnels, agissent comme des bandes-annonces, des *teasers* de ce qui va nous arriver, de ce qui risque de nous arriver, dans ce film plus grand et plus long qu'est la vie de tous les jours. Ce n'est nullement par hasard que la société de production dirigée par Daech s'intitule Al-Hayat Media, « La Vie Média ». On pourrait même dire : « La Vie, Média ». La vie, la vie humaine est devenue un *média* et même le média par excellence – celui qui sert de support au pire, à la peur du pire et au pire de la peur.

§. – Le terrorisme ne peut s'épanouir que dans le pire. Tout ce qui n'est pas le pire pour lui est nul et non avenu. Le terroriste exige, provoque ce qu'il y a de meilleur dans ce qui n'est pas bien. Le superlatif de « bien » est le meilleur. Il y a donc un meilleur dans ce qui est contraire au bien. Le pire est le meilleur dans ce qui est le contraire absolu du meilleur. Le pire est ce qu'il y a de mieux dans la négation du mieux. Le pire est le contraire du bien, lorsque ce contraire est à son apogée. Le pire est ce qu'on fait de mieux dans l'impossibilité de faire le bien.

§. – Le pire est le point de départ du terroriste, quand il est habituellement un point d'arrivée. Le minimum du terroriste, c'est pour nous le maximum à son maximum. C'est là ce qui stupéfie : cette acmé, cette apothéose dans l'horreur, ce sommet dans la barbarie, ce stade ultime de la folie, n'est qu'un premier jalon, n'est que la première pierre d'un édifice calmement dessiné, sereinement installé.

§. – Le terrorisme terrorise parce que ses actes ont toujours valeur de commencement, d'introduction, de prologue, de préface. L'acte terroriste est toujours, au sens théâtral du terme, un premier acte. Il annonce, il invite – il ouvre. L'attentat se présente perpétuellement comme une mise en bouche, un apéritif, une proposition parmi d'autres, un avant-goût, une esquisse. Le terrorisme veut marquer l'avenir, plomber l'après, empoisonner le futur, le truffer d'imprévisibilités semblables à celle qui vient d'advenir. Le futur est le lieu par excellence de l'imprévisible : le terrorisme s'y sent particulièrement à son aise, il s'y ébroue ; le futur est l'écosystème du djihadiste.

§. – Le futur, et non point l'avenir. Le futur terroristique doit empêcher justement toute possibilité d'avenir. L'avenir est au futur ce que la liberté est à l'existence. Il s'agit de boucher l'avenir. L'avenir est un contenu, le futur un contenant. L'avenir est rempli d'espérance, le futur est rempli de dates. Il s'agit de transformer l'avenir en une longue plaine de peur, une plaine constante, une plaine analogue, une plaine perpétuelle qui jamais ne dévie de la peur, jamais ne peut s'arracher à l'effroi. Le terroriste entend chasser l'avenir du futur. Il entend débarrasser le futur de la plus petite trace, de la plus petite possibilité d'avenir. Il entend vider le futur de tout l'avenir qu'il est susceptible de contenir.

§. – « Le plus sera le mieux », lance Hamlet aux comédiens. Pour Coulibaly, pour les Kouachi, pour Merah, pour Abdeslam, pour Lahouaiej Bouhlel, pour Abballa, pour Kermiche et Petitjean, pour toutes ces ordures, le plus et le mieux sont confondus ; confondus dans le pire. Le pire adore que se mélangent en son sein la qualité et la quantité. De la quantité dépend la qualité de son carnage. Le pire est le point à partir duquel il devient impossible de séparer le plus et le mieux, le quantitatif et le qualitatif, le nombre et le mot.

§. – Les terroristes de Tunis, Saber Khachnaoui et Yassine Labidi, ont commis leur carnage dans un musée. Entourés de tableaux de maîtres. L'image, l'image.

§. – Les frères Belhoucine (proches d'Amedy Coulibaly) sont des fans de Scorsese et de De Palma.

13

§. – Le président de la République : « Nous sommes en guerre. » Quelle guerre ? Nous sommes à la fois, nous sommes simultanément en guerre *et* en paix.

§. – C'est une guerre qui se « fait » dans un premier temps, puis « à », mais dans un second temps. C'est une guerre qui fait la guerre, peu importe à qui ; c'est une guerre qui attend que la guerre ait eu lieu pour connaître ses ennemis. C'est une guerre qui appelle « ennemis » ceux qu'elle vient de tuer. C'est une guerre qui appelle « ennemis » ceux qu'elle tuera la prochaine fois. C'est une guerre qui appelle « ennemis » ceux qui sont morts en son nom sans connaître ce nom. Les ennemis de cette guerre sont tous ceux appelés à être tôt ou tard les victimes de cette guerre.

§. – C'est une guerre injective, c'est une guerre unilatérale, c'est une guerre qui déclare la guerre toute seule, dans le vide, une guerre qui déclare la guerre à tout ce qui n'est pas elle, une guerre qui tue non seulement tout ce qui vit, mais tout ce qui n'est pas mort ; une guerre qui tue non seulement tout ce qui veut vivre, mais tout ce qui ne veut pas mourir.

§. – Ce n'est pas une guerre qui cherche une paix à venir, mais une guerre qui cherche davantage de guerre encore, un surplus de guerre ; une guerre en perpétuelle guerre contre ce qui refuse, réfute, évite la guerre. Une guerre qui s'attaque aux oiseaux, au ciel, au bleu de ce ciel, aux idées, aux rêves, aux pensées, aux chemins, aux cerfs dans les bois, aux escargots – aux limaces.

§. – C'est une guerre contre tous ceux qui ne sont pas encore morts. C'est une guerre contre tous ceux qui ne sont pas encore morts à cause de cette guerre. C'est une guerre contre tous ceux qui ne sont pas morts dans cette guerre.

§. – Cette guerre s'est déclarée comme une maladie se déclare : à l'insu de. Nous ne prêtions pas attention à autre chose qu'à la vie, qu'à la paix, quand cette guerre est venue plaquer toute sa mort sur nous.

§. – Déguisés en guerriers, les terroristes : mais pour plagier, pour pasticher la guerre, combattants sans risques, assassins sans motifs, vengeurs sans raisons.

§. – Faire la guerre, pour le terroriste, c'est comme faire l'amour pour le masturbateur : il n'est besoin de personne.

§. – C'est une guerre intransitive. Je fais la guerre. À qui ? Je ne comprends pas la question. Je fais la guerre. Pourquoi ? *Parce que* je fais la guerre. Comment ? En faisant la guerre. Et j'en veux *en priorité* à tous ceux qui ne m'ont *rien* fait.

§. – C'est avec les plus faibles que je saurai me montrer le plus féroce. Moins on me fera quelque chose, plus la punition sera terrible. Plus on ne m'aura jamais rien fait, plus ma vengeance sera spectaculaire. Moins on m'en voudra, plus je serai rancunier. Moins on m'humiliera, plus je me sentirai humilié. Et je serai humilié par ceux qui n'ont jamais cherché à m'humilier. Ceux qui n'ont jamais voulu m'humilier m'ont humilié d'abord, m'ont humilié en premier – tous ceux qui m'ont sauvé courent immédiatement à leur perte. Je ne peux plus rien pour ceux qui m'ont aidé. Ceux qui m'ont compris, je ne chercherai point à les comprendre. Ceux qui m'ont accueilli chez eux, je leur ordonne de sortir de chez moi. Ceux qui m'ont fait rire ne s'imaginent pas à quel point je m'apprête à les faire pleurer. Celui qui me soigna, je le blesserai tout à l'heure. Celui qui m'éduqua, je le saignerai. Celui qui voulut mon bonheur, tout mon bonheur, rien que mon bonheur, sera payé en malheur, tout en malheur, rien qu'en malheur. Inversé talion. Qui me procure de l'amour sera aussitôt remboursé en haine.

§. – Dans la guerre, la crise, la rupture (sentimentale), le « passage à l'acte » (qu'il faut étudier de près), on ne s'économise pas. On ne s'épargne pas. On passe du possible vers l'impossible : on s'arrache à soi-même. On cesse de ne faire qu'être. On *existe*.

§. – Je lis, dans le magistral ouvrage de Robert Tombs sur la Commune de Paris (*Paris, bivouac des révolutions. La Commune de 1971*), ces quelques lignes, décrivant la garde nationale au moment du siège de Paris, qui expliquent davantage le djihadisme des années 2010 que la plupart des monologues de spécialistes très éminents : « L'attrait de jouer au soldat était puissant. Personne ne rechignait à porter des uniformes flamboyants. À présent, les gardes nationaux jouaient un rôle dans une entreprise extrêmement grave, sous les yeux de leurs voisins et de leurs familles exposés aux souffrances de la guerre. »

§. – L'appel des armes, l'iconographie guerrière, la panoplie des soldats du désert, avec l'arme rutilante qui brille au soleil, keffieh sur la tête et lunettes noires : ce carnaval, cet appétit du déguisement provoque au moins autant, sinon davantage, le départ pour la Syrie que le corpus vite avalé, trop vite mal assimilé, de l'islam pour débutants. Le djihadisme ne se comprend pas sans son irrémissible part de *folklore*.

§. – Daech remplacerait-il, chez certains, le service militaire ? Ce besoin d'impossible et cette envie de biceps n'eussent-ils pas pu se fondre dans le service national ? J'en ai vu, à l'armée, des fragiles et des cramés, des faibles d'esprit et des durs du crâne, qui ne cherchaient pas tant à défendre la France qu'à donner des coups, héros dans leur petite tête, courageux à leurs seuls yeux, ne demandant rien d'autre qu'à s'engager pour en découdre, *finissant parfois*, au bout du compte, à aimer leur pays et à vouloir faire la guerre au nom de leur patrie. Chez eux, la soif d'absolu, l'esthétique du danger, la fascination pour les armes *précédaient* la conscience nationale, l'engagement universel, les services rendus à la nation. Ils se servaient de la France bien davantage qu'ils ne la servaient. Peu à peu, au contact des chefs et de leurs semblables, naissait, mais très doucement, une manière de patriotisme intransigeant, une fierté du drapeau – on sentait bien que toute autre cause eût allumé leur appétit pour l'esthétique de la violence. L'appel de la péripétie, doublé d'une ineffable pulsion de mort, avait présidé à leur démarche. C'est par hasard, c'est par simple coïncidence, c'est pour de mauvaises raisons que, durant les premiers mois, ils avaient été nos soldats ; d'autres offres, plus punks, plus radicales, plus cinématographiques, plus spectaculaires, plus sulfureuses, se fussent présentées, que sans nul doute ils eussent foncé dedans la tête la première, que sans la moindre hésitation ils les eussent promptement épousées.

§. – « Nous vivons, depuis quelques années, dans des conditions absolument incompatibles avec l'existence d'une société régulière. Il s'est formé, non pas un parti – le mot est encore trop honorable pour l'employer de la sorte –, mais une secte, ou plutôt une bande de malfaiteurs qui ont déclaré la guerre à la civilisation. Cette guerre ne se fait pas sur les barricades, comme en d'autres temps. Elle ne se poursuit pas non plus à l'aide d'attentats dirigés, comme naguère, contre telles ou telles personnes visées par les assassins. Non ; nous n'en sommes plus là. On frappe au hasard, les premiers venus, sans trop savoir qui l'on atteindra. On fait des victimes contre lesquelles on n'avait pas l'ombre d'un grief. On met au service de la plus féroce barbarie les découvertes les plus récentes de la science. Et cette guerre de sauvages se prêche ouvertement dans certains journaux, dans les réunions publiques ! Et il se trouve des hommes pour approuver tout haut les crimes commis, pour se vanter d'en avoir été les instigateurs, pour encourager à les renouveler ! Et tout cela s'accomplit impunément, sous l'œil des autorités qui ne veulent, ou ne savent, ou ne peuvent, ou n'osent rien faire ! Voilà où nous en sommes. Voilà sur quoi, de temps à autre, quelque explosion du genre de celle d'hier vient rappeler notre attention. Voilà ce que nous nous empressons d'oublier après chaque alerte, jusqu'à ce qu'un autre attentat vienne nous rafraîchir la mémoire. » Jules Dietz, *Le Journal des Débats*, 10 décembre 1893.

14

§. – Coulibaly, préparant son attentat, s'est demandé ce qui pouvait être *incontestablement* juif ; ce qui pouvait être juif sans la *moindre* équivoque. Ne sachant exactement ce qu'est un juif, il s'est dit : quelqu'un qui consomme casher est juif. Pour être certain de ne point se tromper, de ne point faire fausse route, de ne point commettre d'*impair*, de ne point être la risée de son quartier, ni de la presse, ni de cette postérité qu'il ne réclame pas tant là-haut, avec les putes promises, qu'ici-bas, il s'est mis en quête d'un endroit hyperjuif : l'Hyper Cacher. Ce n'est pas tant pour le symbole, que pour avoir la certitude de bien tuer ce jour-là des juifs, *rien que des juifs*. Assassiner des innocents est assez facile, on en trouve plein les rues. Coulibaly n'avait nullement besoin, pour massacrer des innocents, de chercher des hyperinnocents. Tandis que pour les juifs, il s'agissait d'être sûr. Qui peut le plus peut le moins. Qui est le plus juif est forcément juif. Un homme, une femme, un enfant qui mangent hypercasher sont des hyperjuifs, ils se signalent tellement hypertrophiquement comme juifs que la marge d'erreur, en les massacrant, se voit hyperréduite. Cela offre aussi (se dit Coulibaly) la possibilité de commettre un acte d'hyperterrorisme. Tout, en fin de compte, dans cette histoire, sera de l'ordre de l'*hyper*.

§. – *Hyper* : au-dessus de, au-delà de ; du plus haut degré. Cela signifie aussi l'exagération. Coulibaly choisit comme cible des juifs qui sont le plus juif qu'on puisse être, du plus haut degré de judéité possible, des gens qui sont *exagérément* juifs. Coulibaly n'est pas suffisamment aguerri en judaïsme pour dénicher plus pointu ; les juifs, ça ne s'atteint pas aussi simplement. Il y a les synagogues, mais c'est compliqué : surveillées, sécurisées, gardées. Et puis c'est très convenu. Il y a les écoles juives, mais ce serait faire du sous-Merah. L'hypermarché, cela n'avait pas été fait. On avait détecté, puis puni les juifs par leur religion ; Merah les avait détectés, puis punis par leur enseignement ; Coulibaly les détecte, puis les punit par leur caddie.

§. – L'antisémitisme de Coulibaly est un antisémitisme grossier. Un antisémitisme à la louche. L'antisémitisme n'a jamais eu (n'aura jamais) ni la moindre excuse ni la moindre raison d'être. Mais on en a vu éclore de toutes sortes. Le monde a connu l'antisémitisme rationnel, argumenté (idiot, stupide, mais « intelligemment » présenté – au sens où l'intelligence, malade, utilisait ses richesses au bénéfice de cet égarement), voici l'ère de l'antisémitisme bêtement bête, idiotement idiot, platement plat – pas la moindre idéologie (même démente) derrière, aucune prévarication théorique, aucune théorisation aberrante. La haine ne prend plus la peine d'être appuyée par le plus petit appareil philologique, philosophique, métaphysique : elle devient tautologique. La haine des terroristes d'aujourd'hui hait *parce qu'*elle hait. Elle ne sait point exactement pourquoi elle hait, ni qui sont ceux qu'elle a décidé de haïr. C'est une haine suiviste, mécanique, celle d'un antisémitisme moutonnier, systématique, mimétique, ventriloque, l'antisémitisme *hype* d'une génération qui hait sans avoir lu, sans avoir réfléchi, sans avoir même pris le temps de « penser » cette haine, de la construire, de la bâtir – de la façonner.

§. – Peut-être ont-ils raison après tout, les Merah, les Kouachi, les Coulibaly, *de leur strict point de vue* (mais ont-ils seulement un point de vue ?) : pourquoi s'embarrasser de linéaments rationnels, de préludes intellectuels, de réflexions structurelles, de confections idéologiques ? Pourquoi, puisqu'il s'agit de haine, rien que de haine, ne point aller directement à la haine, directement au juif, au juif à haïr, sans virages, sans lacets, sans détours, sans circonvolutions, sans *justifications* ? Pourquoi, finalement, se contraindre à tenter de cerner ce qu'est un juif pour le haïr, pour l'abattre en tant que juif ? Pourquoi s'embarrasser de tout le corpus antisémite des débuts de l'humanité à nos jours ? On n'est nullement obligé, c'est la grande nouveauté de l'antisémitisme français, de connaître les théories conspirationnistes, révisionnistes, déicides, raciales, pour sécréter de l'antisémitisme au plus haut niveau, pour produire de l'antisémitisme de qualité. Pour générer de l'hyperantisémitisme. C'est la grande trouvaille de cette zombiesque génération de l'inculture : ses tueries ne sont plus soutenues par des thèses. Drumont doit s'en retourner dans sa tombe.

Brasillach serait sidéré s'il voyait ça. Et peut-être même choqué ! Les révisionnistes du monde entier ont dû être abasourdis en assistant à ces attentats. Pas de prolégomènes à tout antisémitisme futur : on tue, *basta*. On ne saura jamais véritablement au nom de quoi, de quelle aberration, de quelle erreur. On a nettoyé l'antisémitisme de tout son vieil et encombrant bagage idéologique. On l'a délesté de toute analyse, de toute grille de lecture, de toute « vision » du monde.

§. – Il n'y a plus de vision, seulement de l'aveuglement. La pensée n'est pas défaillante, comme autrefois : on ne pense plus, on ne pense pas. On agit. L'action sert de pensée ; l'assassinat, de théorie. *Un juif n'est pas quelqu'un à abattre : un juif est quelqu'un que l'on* vient *d'abattre*.

§. – Définition coulibalyste du juif : homme, femme, enfant que je viens d'abattre. Coulibaly entend définir la judéité, mais comme il n'a strictement aucune idée de ce que cela peut signifier, il donne du juif une définition rétrospective (et irréversible) : tout être humain abattu par moi, c'est cela que j'appelle un juif. Lemme de Coulibaly : *Je n'assassine pas quelqu'un parce qu'il est juif : mais quelqu'un est juif parce que je viens de l'assassiner.*

§. – Coulibaly n'a très certainement jamais entendu parler du Troisième Reich, d'Auschwitz, de la destruction des juifs d'Europe : un juif est très vaguement pour lui un homme, une femme, un vieillard, un enfant qui fait du mal aux Palestiniens. Mais eussiez-vous demandé à ce même Coulibaly de désigner sur une planisphère (le laissant seul avec une carte du monde muette pendant une heure, deux heures, cent heures, mille heures) Israël et la Palestine, qu'il fût resté tout aussi muet que la carte. Coulibaly n'a sans doute jamais su qu'Israël était situé au bord de la Méditerranée. Qu'il y a des Israéliens arabes. Qu'il existe des Israéliens musulmans. Que les plus grands philosophes du judaïsme écrivaient en arabe. Qu'importe : il s'arrogea la mission d'être plus palestinien que n'importe quel Palestinien, sans avoir la moindre idée de la situation géographique et historique de la Palestine. Amedy Coulibaly s'arrogea le droit d'être plus antisémite que n'importe quel antisémite, sans savoir, non seulement ce qu'était un juif, mais sans même savoir, sans même avoir jamais su ce qu'était un antisémite. Tueur systématique, mais tueur sans système.

§. – Il n'y a pas d'« isme » possible avec Coulibaly, en réalité. Le coulibal*ysme* n'existe pas.

§. – Coulibaly, antisémite absolu, ignore à la fois ce qu'est la judéité, le judaïsme et l'antisémitisme. Tout juste est-il judéophobe, bien que cette tare semble elle aussi trop *élaborée* pour lui. C'est faire *encore trop d'honneur* à tel zombie que de le parer de ce déshonneur suprême : le taxer d'antisémite.

§. – Coulibaly n'avait pas les moyens d'être antisémite, et pourtant il disposa de tous les moyens de l'avoir définitivement été.

§. – « Il nous a dit qu'il n'avait rien contre les juifs », a révélé un otage dans le procès-verbal. Comment s'en étonner ? Coulibaly possède-t-il seulement les moyens intellectuels, culturels d'avoir *quelque chose* contre ? Non. Il n'a « rien » contre les juifs ; cela ne veut pas dire qu'il ne les hait pas, qu'il ne les exècre pas, mais qu'il patauge dedans son rien, qu'il ne trouve pas, dans son « bagage » intellectuel, culturel, le « quelque chose » qui lui manque pour savoir *qui* il hait et *pourquoi*. Coulibaly hait des gens contre qui il n'a *rien* : il hait des gens contre qui il sait qu'il aurait quelque chose si sa pauvre nullité ne l'empêchait d'avoir accès aux motifs (supposés) de sa haine.

§. – Coulibaly *n'a pas le « niveau »* pour haïr les juifs de la manière dont, dans tous les siècles précédant le sien, on les avait haïs, honnis, bannis, terrorisés – massacrés.

§. – Coulibaly, comme Merah avant lui, comme Fofana avant encore, incarne le nouvel avatar en date de l'antisémitisme : l'antisémitisme trop crassement inculte pour avoir (même avec le maximum d'indécence) les moyens d'avoir *quelque chose* contre les juifs.

§. – Après l'antisémitisme religieux (ils ont tué Dieu), après l'antisémitisme politique et culturel (ils n'aiment que l'argent, ils occupent tous les postes importants), après l'antisémitisme racial (ils appartiennent à la catégorie des sous-hommes, ce sont des animaux, ce sont des vermines), après l'antisémitisme géopolitique (ils occupent impunément une terre qui ne leur appartient pas et qu'ils ont volée aux Palestiniens), après l'antisémitisme sans juifs (création *ex nihilo* de boucs émissaires dans des pays, tel le Japon, où la population juive est quasi inexistante), voici l'antisémitisme creux, vide, qui ne tient plus que par un fil, son fil le plus ancestral et le plus solide : la haine.

§. – On ne tue plus les juifs pour ce qu'ils font, on ne tue plus les juifs pour ce qu'ils sont – on ne sait pas, on ne sait plus ce qu'ils font, firent ; on ne sait pas, on ne sait plus ce qu'ils sont, furent. On ne tue plus les juifs parce qu'ils sont juifs et que cela nous dérange qu'ils le soient : on tue les juifs parce qu'on tue les juifs, et cela ne nous dérange même plus qu'ils le soient ! *Coulibaly ne tue pas les juifs parce qu'il les hait : il hait les juifs parce qu'il les tue.*

§. – Il ne leur reproche rien, il n'a rien à leur reprocher, à leur opposer : il ne leur demande aucun compte, il les tue parce qu'un juif, cela doit tout simplement mourir ; parce qu'un juif, cela se doit d'être *toujours déjà mort* ; de la même façon qu'il n'a rien en soi contre les cafards ou les blattes, mais lorsqu'il en aperçoit, il les écrase mécaniquement, parce qu'un cafard ça s'écrase, un point c'est tout. Nul besoin d'intellectualiser la notion de cafard pour les exterminer. Il y a un lien mécanique, un lien de cause à effet *presque passif*, dans le fait de massacrer la vermine : nul nécessité, en sus, d'*animosité*. Nul besoin, non plus, d'*agressivité*. C'est une haine sanitaire. Une haine de salubrité. Une haine qui ne s'appesantit pas sur son *haïr* : c'est une haine non démonstrative, une manière de haine pacifique, pacifiée, une haine admise à la fois par le tueur et le tué, par le massacreur et le massacré, une haine tacite, une haine bien compréhensible, une haine qui ne saurait être discutée, une haine bien partagée, une haine non seulement homologuée, mais infiniment justifiée : je n'ai point besoin de me remémorer pourquoi ni en quoi le cafard est haïssable pour l'anéantir – je le tue, c'est tout. La haine est confondue avec l'acte de supprimer, et inversement. Elle lui est consubstantielle. Il y a une immédiate relation de cause à fait – une relation *immanente*.

§. – « Il empoigne à cet instant par la capuche un client allongé au sol.
— Tu t'appelles comment ?
— Philippe.
— Philippe comment ?
— Philippe Braham.
À l'énoncé de cette identité, Coulibaly ouvre le feu. »

§. – On voit là Coulibaly, Amedy, sans haine haineuse, simplement doté du minimum syndical de haine requise, s'enquérir du statut de l'insecte : « Es-tu bien un cafard ? » Réponse : « Oui. » Sans autre raison de le haïr que la haine que tout le monde serait censé ressentir (en plus du dégoût), Coulibaly sort son insecticide. Si l'insecticide a été inventé, commercialisé, c'est bien qu'un consensus a été trouvé, accepté, autour de la destruction des parasites. Le cafard a été haï *une fois pour toutes* par ceux qui connaissent, pour l'avoir étudiée de près, sa terrible nocivité. La kalachnikov est l'instrument par lequel exterminer le juif, *haï par d'autres une fois pour toutes* sans que Coulibaly se sente obligé de le ré-haïr de zéro – c'est-à-dire de se *justifier* –, grâce auquel il va pouvoir salubrement désinfecter les lieux de toute *présence* juive. La haine de Coulibaly n'est qu'une haine qui ne fait ni plus ni moins que son job – c'est une haine autorisée, entérinée, amortie, qui fait montre de *professionnalisme*. Parvenue à ce stade, la haine peut aisément se passer de la manifestation de la haine. À ce degré d'horreur, à ce degré de haine digérée, synthétisée, assimilée, la haine n'a nul besoin d'être haïssante. À ce degré d'antisémitisme inouï, l'antisémite n'a plus besoin d'avoir *quoi que ce soit contre* les juifs.

§. – Pour Sartre, c'est l'antisémite qui fait le juif. Si cette thèse était vraie (elle est fausse), quel juif pourrait donc bien fabriquer Coulibaly ? Le juif qui se dessinerait par la haine de Coulibaly, le juif sartrien qui serait inventé, tracé, en manière de portrait-robot *déduit* de la haine de Coulibaly, quels traits aurait-il donc ? Il n'aurait point de traits. Il ne serait qu'un ectoplasme. Il ne serait rien. Il ne serait même pas assez quelque chose pour pouvoir être un rat, une vermine, un cancrelat. L'antisémitisme sans juif hait les juifs sans que les juifs ne soient nécessaires. L'antisémitisme sans rien hait les juifs sans que la haine ne soit nécessaire. L'antisémitisme sans juif crée des juifs là où il n'y en a pas ; l'antisémitisme sans rien détruit des juifs là où il y en a. Pour un antisémite sans juif, le juif représente tout ; pour l'antisémite sans rien, le juif ne représente rien.

§. – La haine de Coulibaly est une haine tranquille. Elle est, parmi les haines, la plus redoutable peut-être des haines, parce que c'est une haine qui avertit, sans hystérie prononcée, qu'elle ne fait *que* son travail de haine.

§. – La haine de Coulibaly n'est pas une haine qui cherche à s'excuser, à s'expliquer, à se justifier : c'est une haine qui vient se placer, telle la boule de billard dans son trou, dans la catégorie « carnage d'innocents » – d'innocents juifs. Une haine qui ne devrait étonner personne, ni celui qui massacre, ni ceux qui sont massacrés, ni le reste du monde. La haine de Coulibaly est une haine qui vaque à ses occupations. Ses occupations, c'est tout simplement, c'est tout naturellement d'exterminer des juifs.

§. – Amedy Coulibaly nous force à inscrire son ignoble, inculte, immature, imbécile et crétine barbarie dans l'histoire de l'antisémitisme – dans l'Histoire tout court. Il a déshonoré le déshonneur même de la barbarie. Aucune vision du monde, même malade, même erronée, même folle, même démente, ne prélude à sa cruauté : aucune théorie, aucun contour, aucune forme. Aucune pénétrabilité pour les spécialistes, pour les philosophes, pour les historiens : aucune articulation, aucun autre ressort que le vide, que le rien, que la plus parfaite ineptie. Son antisémitisme est un antisémitisme *approximatif*. Brumeux. Flou. Non qu'un antisémitisme clair, articulé, constitué, soit plus excusable, soit plus acceptable que le cancre antisémitisme des banlieues, mais du moins pouvait-on trouver les armes pour le combattre, les outils pour (tenter de) le défaire. Tandis que pour contrecarrer l'antisémitisme de celui qui ignore ce qu'est un juif, qui ignore ce qu'est un antisémite, rien ne fonctionne. Nous sommes absolument désarmés face à un antisémite qui n'a pas *la moindre idée* de ce qu'il pourrait reprocher aux juifs.

§. – Les Kouachi, Coulibaly et consorts sont des suivistes de l'antisémitisme. Ils pratiquent l'*antisémimétisme*.

§. – Quelques jours après les attentats de janvier 2015, une jeune journaliste, métisse, guadeloupéenne, très belle, m'aborde dans un café. Elle travaille à France Ô. Elle attend la sortie de l'Élysée des familles des victimes. Nous parlons des « événements ». Elle me demande dans « quel camp » je me situe. Je ne comprends pas la question. Elle la réitère, avec davantage de précision : me situé-je du côté de ceux qui, socialement amputés, racialement stigmatisés, tentent de se frayer un chemin vers l'avenir et font, parfois, hélas, de mauvaises rencontres (mauvaises rencontres qui peuvent faire d'eux des djihadistes et déboucher sur ces attentats), ou bien me situé-je du côté des nantis, des privilégiés, des élites qui méprisent la banlieue, les cas sociaux, et les gens « comme elle » ? Je ne comprends toujours pas (je ne suis pas quelqu'un de très intelligent). « Comme vous ? — Oui, poursuit-elle, regardez, je suis métisse, lorsqu'on est métisse, on ne peut pas "être Charlie", quand on est guadeloupéenne, il est difficile d'embrasser aveuglément la cause des riches et des Blancs. » Elle termine en assenant : « Je ne dirais pas que les juifs l'ont bien cherché, mais soyons honnêtes, il y a eu des victimes musulmanes, et ça, personne n'en parle. *C'est toujours la même histoire.* »

15

§. – Par un étrange glissement, ce ne sont plus les dates des 7, 8 et 9 janvier 2015 qui obsèdent la France, mais le 11 janvier 2015, date de commémoration en temps réel – commémoration qui n'a pas pris le temps de la mémoire, commémoration qui ne sait pas encore exactement ce qu'elle doit se remémorer. On cherche davantage à savoir qui a défilé, qui n'a pas défilé, qui n'a pas voulu défiler, qui s'est défilé, au nom de quoi on a ou non défilé. Pour certains, le salaud n'est plus celui qui a massacré, mais celui qui n'est pas descendu dans la rue. Pour d'autres, le salaud n'est point celui qui a tué, le salaud n'est point celui qui a massacré des innocents : pour d'autres, le salaud est celui qui est sorti dans la rue aux fins de s'indigner.

§. – Mohamed Lahouaiej Bouhlel a commis son attentat le 14 juillet, date historique pour la France. Il aura souhaité de toute évidence remplacer l'Histoire par *son* histoire. Les attentats précédents avaient présenté cette particularité de tracer, de dessiner, de graver, d'inscrire leur propre date dans l'Histoire : le 11 Septembre, les 7, 8 et 9 janvier, le 13 novembre… Mohamed Lahouaiej Bouhlel a voulu, lui, entrer en concurrence avec un événement universel, un événement considérable à la réputation doublement séculaire. Il a tenté d'effacer le 14 Juillet national par son 14 juillet personnel, créant une manière de révisionnisme (d'effacement) non par des mots mais par des actes. Il a voulu substituer son 14 juillet 2016 au 14 Juillet 1789. Il a voulu détourner l'anniversaire initial, celui de la Révolution, par une nouvelle commémoration à venir, celle de son attentat, faisant incestueusement se mêler, dans les esprits, dans les consciences et dans les cœurs, un jour sacré pour la France et un jour maudit pour la France. L'attentat de Nice est le premier attentat, non seulement contre des personnes, mais contre une date.

§. – Le souvenir de cet attentat, plus frais que la prise de la Bastille, viendra, année après année, se superposer à la célébration de la nation, contaminant cette fête d'un peuple par l'inévitable remémoration du crime d'un seul.

§. – Mohamed Lahouaiej Bouhlel a pollué jusqu'à la signification du 14 Juillet, dont la cérémonie sera désormais scindée en deux parts ennemies ; l'une, tournée vers l'espoir ; l'autre, ternie par la mort. Souillant dans sa chair la mémoire républicaine d'un événement parasite, teinté d'islam, le terroriste tunisien, entré par irruption dans un événement fondamental et fondateur qui depuis plus de deux siècles appartenait à la France et au monde, sera parvenu à fixer, pour très longtemps, son visage, sa haine et son nom sur la naissance et l'avènement de la nation.

§. – Sans doute faudra-t-il, désormais, que le président de la République, chaque 14 juillet, se rende sur les Champs-Élysées le matin (1789) et sur la Promenade des Anglais le soir (2016).

§. – Nous célébrons les victimes de janvier 2015, de novembre 2015 et de juillet 2016. Les victimes de juillet 2016 avaient célébré les victimes de novembre 2015 et les victimes de janvier 2015. Les victimes de novembre 2015 avaient célébré les victimes de janvier 2015. Etc.

§. – Les Invalides sont le lieu traditionnel de commémoration des attentats terroristes et des discours du président de la République aux victimes : en période électorale, promettre des subsides aux traumatisés, aux endeuillés, aux rescapés s'avère toujours une bonne opération. Loin, très loin de nous l'idée d'insinuer que l'Élysée se réjouit de tels drames ; mais à entendre le président de la République française, dans un livre d'entretiens accordés à deux journalistes, mesurer la taille (à mon avis peau-de-chagrinesque) de sa place dans l'Histoire à l'aune de la dignité qu'il aura eue pendant cette « guerre », on ne réprime qu'avec difficulté notre grimace dégoûtée. Les attentats ont eu lieu, un point c'est tout. Quel président en titre n'eût-il pas été capable d'y « faire face », là où « faire face » rime avec longues litanies, amphigouris républicains, solos de lyrisme benêts et vains ?

§. – Le président de la République est allé puiser dans ces événements considérables la considérabilité de son importance dans l'histoire de la France. Il confond la coïncidence d'une attaque et d'un mandat avec la force de caractère qui fit d'un de Gaulle le principal acteur de la destinée d'un pays. Un spectateur engoncé, fût-il le roi des discours circonstanciés, ne fait que *subir* l'événement – comme tout le monde. La seule grandeur du président fut d'être en poste à ce moment-là. Quelle fierté spéciale tirer de cette horrible aubaine ?

§. – À la une du *Monde*, le « Mémorial du 13 novembre ». Puis le « Mémorial de Nice »… Ces visages inconnus, ces vies semblables aux nôtres, les voici arrachés à l'anonymat et à l'oubli. Les journaux se mettent à communier, à aider la nation à pleurer ses enfants ; ils sortent ainsi de leur rôle, ou plutôt, ils sortent d'une posture, d'une *distance* habituellement critique de la réalité, de la société, du monde. Au premier degré, sans angle, sans « traitement de l'info », sans mise en forme, sans recul, ils « racontent » ces vies. Journalisme qui soudain colle à l'émotion générale, à la situation de tout un pays endeuillé – diapason qui paraît presque contre nature. Ces hommages humbles et gratuits, en résonance avec le pouls du peuple, détonnent.

§. – Je pense aux victimes du 14 juillet qui avaient lu, avec émotion, les biographies du « Mémorial » des victimes du 13 novembre. Bilel Labbaoui, mort le 14 juillet à 29 ans, avait peut-être lu avec émotion le récit de l'existence de Valentin Ribet, tombé le 13 novembre à 26 ans ; Christiane Fabry, fauchée à Nice à l'âge de 67 ans, avait sans aucun doute ressenti une profonde tristesse à l'évocation du souvenir d'Hélène Muyal-Leiris, assassinée au Bataclan à 35 ans (Hélène avait manifesté le 11 janvier 2015 après les attentats de *Charlie* et de l'Hyper Cacher).

§. – Nous sommes si enfoncés dans la glu terroristique que nous ne distinguons plus tant les années que les mois : on ne dit pas « les 7, 8 et 9 janvier 2015 » mais « les 7, 8 et 9 janvier » ; on ne dit pas « le 13 novembre 2015 » mais « le 13 novembre ». Nous appelons les attentats par leurs prénoms. Comme si tous ces événements ne formaient qu'une seule et même année qui ne veut pas finir.

§. – Le président de la République ne voit pas qu'une présidence compassionnelle est une présidence impuissantionnelle.

§. – Le président de la République veut « assurer le devoir de mémoire vis-à-vis de toutes les victimes du terrorisme ». Nul ne semble souligner l'abyssale absurdité – en dehors des cyniques exercices de balistique électorale – d'une commémoration en temps réel, d'un deuil national à flux tendu, et d'une cérémonie funèbre récurrente. Il s'agirait d'abord d'achever cette guerre, puisque « guerre » il y a. De détruire Daech avant de communier – au lieu, plutôt, de perpétuellement *actualiser* la communion et la commémoration, de les rafraîchir comme on rafraîchit son écran d'ordinateur. Il y a, dans cette manière de convoquer la mémoire au moindre prétexte anniversaire, une gymnastique diffuse qui ne dit pas son nom, et qui consiste à raviver l'attentat pour aussitôt le repleurer. Ce dégueulasse yo-yo, opéré sur le dos des victimes et de leurs familles, est indigne de la République, dont la tâche est non de réveiller les morts mais de protéger les vivants.

§. – Les victimes ont fait leur entrée dans les budgets prévisionnels. L'État devra à présent estimer le nombre raisonnable de morts à venir chaque année, afin de voter la provision adéquate en matière d'indemnités. Le terrorisme et ses conséquences, désormais gérés, désormais dûment estimés, font leurs débuts dans la bureaucratie à la française, intégrant ce morne paysage avec la mollesse et la morgue d'usage. Il n'est de réalité qui ne se traduise en *démarches*.

§. – Nous ne sommes pas qu'en guerre ; nous sommes aussi en campagne.

§. – En France, l'autorité de l'État face au terrorisme paraît s'incarner d'abord dans les hommages aux victimes, autrement dit par l'implicite aveu de l'impuissance de ce même État. Qu'est-ce donc qu'un hommage aux victimes, sinon la manifestation publique d'une incapacité à avoir empêché que ces victimes ne le devinssent ? Le chef de l'État grimace, pérore, arbore des allures sévères, sérieuses, graves : mais la gravité, mais le sérieux, mais la sévérité, ne sont-ce pas, précisément, ce qui a manqué, non aux mimiques d'après, mais aux décisions et aux actions d'avant ? L'État se plante devant les cercueils des citoyens qu'il était censé protéger. Se recueillant dans la solennité de l'instant, il entérine avec morgue (par une opération officialisatrice et récupératrice dont la perversité confond – puisqu'elle consiste à faire pleurer l'effet par les voies institutionnalisées de la cause) son incompétence. La République pleure ses morts, mais l'expression « ses morts » n'a jamais été aussi appropriée : les morts qu'elle a contribué à faire, à produire, n'ayant pas su leur garantir la vie.

16

§. – On nous dit : « Cela n'a rien à voir avec l'islam. » Imaginons que les terroristes, avant chaque carnage, se mettent à chanter un refrain des Beatles au lieu de crier « *Allahou akbar !* » : on finirait bien, au bout d'un moment, par aller regarder ce qui, dans la discographie des Beatles, déclenche cette folie. Personne ne dirait : « Cela n'a *rien* à voir avec les Beatles. » Imaginons Merah en train de hurler « *It's been a hard day's night* » avant de tirer à bout touchant sur un enfant. Imaginons les frères Kouachi hurler « *We all live in a yellow submarine* » avant de vider leur chargeur dans le dos de Cabu. Imaginons Coulibaly exiger des otages qu'ils passent l'intégralité de *Sergeant Pepper's* dans l'Hyper Cacher. Nul n'oserait dire : « Ça n'a *rien* à voir avec les Beatles. » On dirait : jamais Lennon, jamais McCartney n'ont voulu cela. On dirait : les paroles de Lennon et McCartney sont interprétées de manière *erronée*. On ne dirait pas : « Ça n'a rien à voir avec les Beatles. »

§. – Dans les années 70 et 80, des satanistes se sont amusés à entendre des messages provenant tout droit des enfers en écoutant à l'envers des disques de Led Zeppelin. Le morceau « Stairway To Heaven », notamment, recelait en écoute *reverse* une pressante invitation à rejoindre le faramineux magistère de Belzébuth. Je dirais volontiers la même chose des terroristes salafistes : ils ont lu le Coran de gauche à droite. Ils ont lu les textes saints à l'envers. Écouter « Stairway To Heaven » à l'envers n'a aucun sens ; Led Zeppelin l'a interprété à l'endroit, l'a composé à l'endroit, pour des auditeurs, pour des fans qui sont censés l'écouter à l'endroit. Cependant, l'écouter à l'envers (même si cela échappe à Led Zeppelin, même si cela ferait rire, sourire les membres de Led Zeppelin, ou bien les effraierait, les désolerait), c'est l'écouter *quand même*, c'est avoir malgré tout besoin du support, de la matrice qu'il représente : cela a *à voir* avec Led Zeppelin, cela a *à voir* avec « Stairway To Heaven ». Lire le Coran de travers n'a *aucun sens* ; le Prophète a parlé à l'endroit, a composé à l'endroit un texte, pour des lecteurs, pour des fidèles qui sont censés le lire à l'endroit. Faire n'importe quoi avec l'islam n'a pas rien à voir avec l'islam : cela n'a rien à voir avec ce que dit l'islam. Ce qui n'est pas la même chose.

§. – Ce ne sont pas seulement les temps qui ont changé, c'est le temps lui-même qui a changé. Il n'y a pas de fidélité au Coran : mais une fidélité par lecture du Coran.

§. – Là où la société rate l'éducation, Daech réussit l'*élevage*.

§. – Les terroristes se servent du Coran comme d'un réservoir à ordres, venus de nulle part et donnés par personne ; ils cherchent dedans ce qu'ils ont déjà trouvé. Ils ont trouvé avant même d'avoir cherché. Le « chercher » et le « trouver » sont intervertis.

§. – La religion a sans doute à voir avec le terrorisme ; Dieu n'a rien à voir avec le terrorisme. Le terrorisme a sans doute « à voir » avec l'islam ; le terrorisme n'a rien à voir avec Allah. Je ne peux pas dire qu'un cancer n'a rien à voir avec le corps qui l'abrite.

§. – Les musulmans français sont *terrorisés* à l'idée que les non-musulmans puissent les prendre pour des terroristes.

§. – Admettons qu'il y ait en France cinq millions de musulmans (c'est un chiffre réaliste). Merah, les frères Kouachi et Coulibaly : cela fait quatre terroristes sur cinq millions de musulmans. Le taux terroristique de chaque musulman français serait dès lors de 0,00000008.

§. – La presse se demande si les terroristes « agissent seuls ». « Si je considère maintenant l'homme à part, écrit Tocqueville, je trouve que les croyances dogmatiques ne lui sont pas moins indispensables pour vivre seul que pour agir en commun avec ses semblables. »

§. – La presse s'interroge sur la propension à l'endoctrinement. Tocqueville : « Si l'homme était forcé de se prouver à lui-même toutes les vérités dont il se sert chaque jour, il n'en finirait point ; il s'épuiserait en démonstrations préliminaires sans avancer ; comme il n'a pas le temps, à cause du court espace de la vie, ni la faculté, à cause des bornes de son esprit, d'en agir ainsi, il en est réduit à tenir pour assurés une foule de faits et d'opinions qu'il n'a eu ni le loisir ni le pouvoir d'examiner et de vérifier par lui-même, mais que de plus habiles ont trouvés ou que la foule adopte. C'est sur ce premier fondement qu'il élève lui-même l'édifice de ses propres pensées. Ce n'est pas sa volonté qui l'amène à procéder de cette manière ; la loi inflexible de sa condition l'y contraint. »

§. – « Il n'y a pas de si grand philosophe dans le monde qui ne croie un million de choses sur la foi d'autrui, et qui ne suppose beaucoup plus de vérités qu'il n'en établit. » Tocqueville est favorable à cette aliénation : la croyance qu'il évoque n'est pas de celles qui détruisent la société, mais de celles qui établissent le lien social. Il soulève la question principale : celle de l'allégeance à autrui, de la soumission volontaire au dogme, de l'aliénation à la foi. « Tout homme qui reçoit une opinion sur la parole d'autrui met son esprit en esclavage. » Ce qui est vrai dans la sphère de la démocratie, de la liberté, de la morale, est transposable dans la sphère, concurrente, qui la menace et la berne. « Il faut donc toujours, quoi qu'il arrive, que l'autorité se rencontre quelque part dans le monde intellectuel et moral. » Pour le terroriste, l'intellectuel, c'est Ben Laden. La morale, c'est la décapitation des impies. « L'indépendance individuelle peut être plus ou moins grande ; elle ne saurait être sans bornes. » Ce que nous appelons la société démocratique apparaît, lue par Daech, comme le tréfonds de l'enfer. Et *vice versa*. Du moins la démocratie consiste-t-elle, avertit Tocqueville, à ne point chercher cette allégeance dans quelque transcendance que ce soit – l'égalité consiste à empêcher tout recours au divin ; c'est l'opinion, alors, qui mène le monde. Mais Daech, mais l'intégrisme musulman ne consiste-t-il pas à transformer en opinion égalitariste toute élitiste divinité ? Le Coran n'est-il pas lu par le prisme d'une *opinion* ? Le terrorisme n'est-il pas l'enfant d'une *opinion* sur le Coran ?

§. – « Quelles sont les chances de coexistence pacifique entre notre monde occidental et les pays de l'Islam, dans le cadre de relations mutuellement bénéfiques, au cours des années à venir ? Il est presque impossible en Islam de séparer logiquement de la masse des institutions celles que nous appellerions religieuses. L'Islam est si étroitement lié à tous les aspects des activités quotidiennes que même un mouvement politique purement nationaliste affecterait profondément la vie religieuse de la communauté. La cohésion sociale est intimement liée au conformisme rituel et canonique. L'enseignement des réformateurs politiques peut difficilement se dissocier des prescriptions des chefs religieux. Et dans la plupart des cas, une orthodoxie rigoureuse règle encore la vie spirituelle et dirige les passions des masses. Comme c'est une foi qui régit toutes les cellules de la société, l'Islam et ses institutions ont formé un tout qui a donné leur cachet spécifique aux sociétés musulmanes. C'est cette indivisibilité de la société musulmane qui rend si décevantes les tentatives des réformistes pour reformuler la religion dans des termes compatibles avec les aspirations contemporaines de leur société. Les exemples abondent pour illustrer ce cercle vicieux. Ceux qui offrent quelque encouragement sont beaucoup plus rares. La Turquie est le seul pays musulman où, jusqu'ici, la dissociation des institutions religieuses et des institutions séculières ait été réalisée. La révolution "sécularisante" de Kemal Atatürk, comme dirait Arnold Toynbee, a fondamentalement occidentalisé une société musulmane dans toutes ses cellules constituantes. Si irréconciliables que soient l'Islam et le communisme sur le plan doctrinal, les deux systèmes présentent des ressemblances frappantes. Les deux ont un caractère autoritaire. Le *Shari'ah* – au nom duquel gouvernent les gouvernements musulmans contemporains et dont ils appliquent les décrets – a un pouvoir illimité et son action n'est pas amendée. Obéir et se conformer à ses décisions est un signe de vertu et de piété, et l'on est hostile au changement et à l'innovation. Le gouvernement, de l'avis des théologiens musulmans respectés, n'est que l'agent politique de Dieu, l'interprète de sa volonté et il ne peut prétendre outrepasser ce rôle. Cette prédestination – qui s'exprime dans la solidarité avec Dieu plutôt que dans la liberté individuelle – peut être assimilée au déterminisme historique. Enfin, le temporel et le spirituel en Islam n'étant pas divisés en compartiments exclusifs, l'accent mis sur le temporel risque de diminuer l'intérêt de l'homme du commun pour le spirituel. » Tibor Mende, « L'Occident face aux pays d'Islam », *Esprit*, janvier 1957.

§. – Les terroristes nous contraignent à modifier l'utilisation des mots. Le mot « islam » est contaminé par le terrorisme ; il cesse de signifier ce qu'il signifiait. Il est la première victime du terrorisme ; comme les musulmans le sont, ou plutôt : comme l'est le mot « musulman ».

§. – La religion a été conçue pour tempérer les âmes, quand ceux qui la défendent ont toujours, tôt ou tard, utilisé l'outrance. La religion est cette outrance par laquelle on appelle sans cesse à la tempérance. La religion est cette violence qui, sans cesse, en appelle à la modération. La religion est cette guerre qui n'a que la paix à la bouche.

§. – Les terroristes entendent, en répandant le sang, établir le règne de la paix. Faire pousser l'amour en semant partout la haine paraît pourtant aussi *inopérant* que le serait l'opération inverse : faire pousser la haine en semant partout l'amour.

§. – L'islam, le « vrai », connaît le goût de la vie et récuse l'attrait de la mort. Il sait affronter l'absolu et méprise le refoulé. Tout ce que ne sont *pas* les terroristes djihadistes.

§. – Trois phrases de Bataille : « La chance de l'humanité est peut-être liée au pouvoir de dominer des réactions premières, à la fois lâches et destructives, dont l'antisémitisme est la plus vile » ; « L'*absence de Dieu* est plus grande, elle est plus divine que Dieu » ; « Jamais nous ne pouvons *établir* de limite, dès qu'un homme avance loin dans la souffrance, il ne peut plus être assuré que même une barrière qui a résisté ne puisse être rompue ».

§. – Immense lassitude de vivre dans un monde saturé, non d'islam, mais de *débats* sur l'islam – débats sur l'islam dont l'islam ne débat pas.

§. – L'islam des terroristes est superficiel. « Techniquement », ils sont beaucoup plus proches de l'athéisme que de la foi. « Mal croire », c'est ne pas croire du tout. Ce « mal croire » est à la source du Mal auquel on croit. Mal croire, c'est finir par croire le Mal – et ne croire qu'en lui.

§. – Mal croire, c'est rater la foi. C'est rater la rencontre avec Dieu. Rater Dieu parce qu'on y croit mal ou le rater parce qu'on n'y croit pas, cela revient techniquement, cela revient pratiquement (du point de vue de la *praxis*) au même. Coulibaly est un raté de l'islam ; il est aussi un raté de l'athéisme, puisqu'il ignore que ce ratage de l'islam lui fait rater Dieu comme un athée le rate. Certes, l'athée *veut* rater Dieu. Mais si l'athée sait ce qu'il veut rater, sait-il ce qu'il rate ? L'athée rate d'une certaine manière son ratage : il rate la manière dont il rate Dieu, puisqu'il s'en débarrasse. L'athée n'est pas exactement celui qui réussit à rater Dieu ; disons seulement qu'il y *parvient*. Le terroriste rate ce Dieu auquel il veut parvenir – sa réussite rate. L'athée parvient à rater ce Dieu auquel il ne veut pas croire – son ratage réussit. La conclusion, pour Coulibaly, est plus terrible encore : il est mort pour rien (comme un rien, au nom de rien) du point de vue du musulman ; il est mort pour rien (comme un rien, au nom de rien) du point de vue de l'athée.

§. – Le musulman écarte Coulibaly parce qu'il n'a pas suffisamment la foi ; l'athée rejette Coulibaly parce qu'il l'a trop. Le musulman répudie Coulibaly parce qu'il est trop superficiel à ses yeux ; l'athée le conspue parce qu'il est trop profond à son goût.

17

§. – « Il y a dans le Coran une certaine largeur de casuistique fort remarquable : il s'occupe souvent de résoudre des scrupules, d'adoucir sa morale, de leur dire : Ne soyez pas si sévères. » Renan, *Cahiers de jeunesse*.

§. – Étudier à partir de *quel instant*, *précisément*, dans le processus qui mène à la tuerie, l'islam a été gangrené ? Cet instant existe-t-il ? S'il existe, peut-on le comparer à la difficulté de saisir le passage de la grande aiguille de nos montres d'un chiffre au chiffre suivant ?

§. – Il s'agit d'explorer le *ressentiment* chez les terroristes. Nous entendons parler, jusqu'à la nausée, du « sentiment religieux » : c'est le *ressentiment religieux* qu'il faudra fouiller. Tout ressentiment implique un outrage, une injure à éponger – à réparer.

§. – Le ressentiment partait du discernement : il a fini par le dissoudre. Le ressentiment religieux s'appuie sur le socle de l'incapacité à discerner. Incapacité à discerner les causes à embrasser, à défendre ; incapacité à discerner les effets – les conséquences – de ces causes ; incapacité à discerner les coupables des innocents (mais un soi-disant coupable est toujours innocent).

§. – Au terroriste, tout fait injure ; tout est injure. L'air qu'il respire l'insulte. L'eau qu'il boit le brûle, tant il y lit de violences à son endroit. Le soleil qui brille, voilà qu'il lui paraît briller contre lui. Les gens qui rient en terrasse lui font l'effet d'un couteau dans l'aine. Tout ce qui vit devient les prémices de sa propre mort ; ce qui respire tout autour prétend vouloir sa mort. Tout ce qui simplement *est*, voilà l'irrémédiable ennemi. Les rossignols dans le cerisier : une autre définition du cancer. La rancune est dressée contre la nature, contre le vent, la neige, contre toutes les pluies, contre les senteurs et la douceur de l'été, contre l'infinie collection des parfums. Tout fait litige, tout est accroc. Tout racle. Tout injurie. Les mélodies de Mozart sont des échardes au terroriste, le bleu du ciel comme un appel à trouer la peau des petits enfants juifs. Tout fait sens, jusqu'à la beauté de tel automne orange et roux, dans une forêt silencieuse, qui réclame le sang de ceux qui n'ont fait que naître, et méritent la mort au seul motif de cette naissance. Tout se transforme en haine, en chair à cribler, les flocons de la neige et les massifs de fleurs, le début d'avril et la manière dont s'éteint août : tout fait sens au meurtre, aux cris, aux corps sur le carrelage, à l'inféodation à des dieux qui n'existent pas. Parce qu'une jeunesse prend tout dans la figure, ramasse le réel en giclées, en gifles répétées, voilà qu'au nom d'un Livre qu'on ne sait jamais lire est produite de la mort en série, de juif en juif, de policier en policier, de dessinateur en dessinateur, d'homme de la rue en femme qui passe. Au milieu de l'inouï, les enfants continuent de jouer ; parmi la mort ils jouent.

§. – De nombreux musulmans sont morts dans les attentats du 13 novembre et du 14 juillet. L'attentat de masse ne sait pas trier. Et c'est par là que le terrorisme périra.

18

§. – Pourrons-nous jamais lire de littérature provenant du moindre terroriste ? Un Ernst Jünger du djihadisme ? La littérature est là pour tracer des lignes vers l'impossible, trouver le *dire* de cet impossible, forer cet impossible par une parole, une parole inventée, spécialement trouvée. Quand Jünger combat dans les tranchées, il est acteur de la guerre, il n'a pas la possibilité de la *dire*. Tout au plus peut-il en *témoigner*. La parole, sa parole, la parole de la guerre, la parole qui parle la guerre, la parole-guerre, Jünger la trouvera *après* la guerre. Quand Jünger devient écrivain et cesse d'être acteur, tombe l'uniforme de soldat qui est l'uniforme du témoin, son lyrisme prend le relais des actes et de la description discursive des événements, pour devenir *littérature*. Nous voyons enfin la guerre comme si nous y étions ; comme si, à notre tour, nous la faisions – nous sommes enrôlés par la parole-guerre de Jünger. Nous ne sommes plus exclus, comme lorsque le témoin témoigne, mais inclus : la littérature est cette inclusion. C'est ce que Bataille nomme « expérience intérieure ». Jünger écrivain, à l'opposé de Jünger combattant, nous invite au combat ; nous voyageons dans la tête des belligérants, nous voyageons dans la tête même de la guerre, le seul unique danger que nous ne courons pas, c'est celui de mourir : mais du moins éprouvons-nous tous les autres, toutes les peurs, et la plupart des sensations. Quelque chose nous est *communiqué*. On voudrait qu'un Lahouaiej Bouhlel, qu'un Abdeslam, qu'un Kermiche fût à ce point « civilisé » qu'il pût, quelque jour, s'il venait à ne pas mourir pendant « son » attentat, se charger avec le temps de trouver la parole de ses actes, afin de nous faire voyager dans ses actes ; d'en saisir, par-delà le dégoût, les vomissures et la collection des nausées, sinon le sens, du moins la motivation profonde ; nous voudrions entrer de plain-pied, au risque de tous les vertiges, dans ce crâne et ces idées-là, pénétrer cette hystérie morbide, ne faire qu'un, le temps d'une lecture, l'espace d'un roman, avec ces pulsions implacables.

§. – Paradoxe (contradiction) du terrorisme : lorsque Merah exécute un enfant à bout touchant au nom d'Allah, il commet (de son point de vue) une bonne action ; mais il sait que cette bonne action est *d'abord* une mauvaise action, *sinon il ne la commettrait pas*. Par conséquent, Merah reconnaît implicitement la supériorité des valeurs universelles sur celles propagées dans l'univers des djihadistes. L'acte terroriste, dès lors, est un aveu. Il autodétruit immédiatement (par cette contradiction) la version du monde qu'il entend imposer. Tout acte terroriste est implicitement fondé sur le fait qu'il a tort et qu'il le sait.

§. – Rien de plus tragique que de se faire assassiner par quelqu'un qui n'a rien à dire.

§. – Le terrorisme est là pour tout irréversiblement *gâcher*.

§. – Le terrorisme, qui n'a aucun rapport avec Dieu, nous force à nous intéresser toute la journée à la religion.

§. – Notre cauchemar : quand, du point de vue du terroriste, tout s'est « bien passé ».

§. – Les terroristes sont à la vie ce que le cendrier est à la cigarette.

§. – Abyssale *stérilité* de ce que sème le terroriste.

§. – Le terrorisme quand *il fait beau*...

§. – Les djihadistes sont, davantage que des fous de Dieu, des fous du sexe. À tous les sens du terme. Ils sont incapables d'en digérer les injonctions, d'en dompter les dysfonctionnements, d'en épouser les aberrations. Toute sexualité dépasse ; leur sexualité les dépasse (voir *Partouz*, Grasset, 2004).

§. – La sexualité humaine n'est faite que d'aspérités, de reliefs, de mystères, d'abîmes et de recreux, de surprises et de labyrinthes, de travers, de motifs d'étonnement, de débords, d'exceptions, de formidables anomalies ; autant de possibilités lues par les islamistes comme des impossibilités ; autant de diversité interprétée, avec épouvante, comme de la dégénérescence. Perdus dans un monde (celui de la sexualité humaine) qui ne se laisse pas schématiser par l'intromission répertoriée, recensée, d'un membre érectile masculin dans une cavité féminine adaptée, perdus dans un monde (celui de la sexualité humaine) où ils sont dévastés par un trop-plein de possibles et de complexité, les futurs terroristes sont terrorisés.

§. – La radicalité entend simplifier le monde, ramasser les hypothèses, empêcher les ramifications, interdire la prolifération scénaristique. L'ennemi, c'est d'abord la multiplication des possibles. Le sexe, au premier chef, incarne cette profusion, cette prolixité. L'adversaire est d'abord le profus, l'ennemi est avant tout le *fécond*.

§. – Qui symbolise, qui incarne, qui représente le fécond ? Par-delà la sexualité : la femme. Déféconder le monde : mission du terrorisme. Décapiter tout ce qui dépasse ; ce qui est luxuriant, ce qui est luxure, ce qui est luxe, ce qui est *lux*. Le terrorisme comme ennemi des Lumières ? Ennemi, davantage encore, de *la* lumière.

§. – La démarche des enrôleurs, des enjôleurs, des recruteurs de Daech, sur Internet, agit envers les jeunes filles (ou les jeunes femmes) avec les méthodes propres à la pédophilie. On se crée une voie dans le circuit psychique d'une amoureuse éplorée, d'une Adèle H. des temps modernes, on se fraye un passage dans les labyrinthes de la passion : le poisson est ferré. Il ne s'agit, dès lors, non plus (comme on le croit souvent) de *désexualiser* la proie (niqab, virginité, etc.), mais de la sexualiser infiniment – de construire une libido dont l'excès, assoupi sur ordre, mis en sommeil sur injonction « coranique », se déversera d'un coup au nom de l'amour enfin advenu. Le sexe est toujours pour plus tard, messianisé, et derrière l'attrait du prince charmant, c'est l'appel de la chair qui se fait de plus en plus vif, vital, monstrueux, occupant bientôt tout l'espace mental de la jeune préposée à la conversion. Toute conversion est un viol, un viol sans autre intromission que l'intromission de la promesse.

§. – Daech joue à la poupée avec les filles et les garçons. Transformant à bâbord les filles en vierges éplorées qui attendent un prince, l'État islamique transforme à tribord les garçons en héros.

§. – Daech agit comme une agence matrimoniale qui, avant la rencontre, invente et formate, déguise et modèle les protagonistes d'une histoire d'amour qui ne contiendra pas la moindre histoire ni le plus petit amour.

§. – Merah, les frères Kouachi, Coulibaly, Abdeslam, Lahouaiej Bouhlel sont passés, sans transition, du sentiment d'impuissance au sentiment de puissance.

§. – Le terroriste s'adonne à une distribution gratuite de mort.

§. – Le terroriste s'adonne à une distribution gratuite de mort gratuite.

§. – Les terroristes sont des analphabètes de l'émotion.

§. – Le terroriste établit un mode d'expression jamais utilisé avant lui, et qui s'oppose à tous les registres possibles : il s'exprime par *position intenable interposée*.

§. – L'avenir du terroriste est si éphémère qu'il va puiser dedans tous les possibles. Les possibilités de « faire » lui donnent le vertige tant elles sont nombreuses ; c'est pourquoi, *in fine*, tout ce qu'il « fait » apparaît, fût-ce au sommet même de l'horreur, toujours décevant. Une fois l'impossible commis, cet impossible devient du possible ; or, le possible est ennuyeux. Seul l'impossible, parce qu'il est justement impossible et n'a généralement pas lieu, possède un exotisme qui désennuie.

§. – Le terroriste est désemparé : son fantasme de donner la mort, fantasme de puissance, devient, la mort « enfin » donnée, une plate constatation morbide, un simple fait judiciaire. La mort reste la mort et, une fois distribuée, elle oublie comment elle le fut : un corps mort ne ressemble pas à la manière dont il est mort, les causes du décès se dissolvent en lui, elles sont absorbées, elles sont oubliées en lui. Le corps mort efface instantanément, comme une goutte d'eau sèche aussitôt sur une corniche de ciment brûlant, le spectacle de la mort, les mises en scène morbides. En le corps mort, les déflagrations se taisent : tout corps mort est un corps mort comme les autres, la mort ne ressemble dans ce corps et sur ce corps qu'à elle-même. Il n'y a plus de supériorité, de hiérarchie, de virtuosité : un amas de chair gisant, où les mouvements n'ont plus lieu, ni les cris ; chaque corps mort devient jumeau du corps dont la mort fut causée par une chute idiote dans l'escalier. Il ne reste rien, dans les chairs mortes du corps qui est mort, des excitations, des palpitations, des pulsions, de celui qui a tué ; il ne reste rien, non plus, de la peur de mourir de celui qui est mort. L'assassin est bien avancé : le corps qu'il a tué reste à jamais un corps ingrat, un cadavre qui n'est pas, ne sera jamais, ne pourra jamais être *à la hauteur* de la tuerie imaginée pour qu'il devienne justement ce cadavre. Un corps tué par un terroriste est similaire à un corps tué par un gnou.

§. – Toute cette mort que le terroriste a voulue intelligente, sophistiquée, compliquée, incroyable, spectaculaire, voilà qu'à son insu, elle s'est transformée en une mort comme les autres, une mort dans laquelle tout l'effroyable génie des préparatifs est *absent*.

§. – Déception du terroriste : il aurait tant voulu qu'on meure au prorata de son génie, à la mesure de son art. Il est déçu par la mort, par les lois fixes de la mort, par ces corps rigides, froids, inertes et muets qui nivellent son effroyable action, le rendent soudain petit, le renvoient au ridicule de sa débauche, à la risibilité de ses rêves déments. Le mutisme décevant des corps inanimés se joue de la grandiloquence djihadiste. La mort leur a ôté tout superflu, à commencer par le superflu de la façon dont ils sont morts. Il y a une manière de mourir qui voudrait bien excéder le fait d'être mort, mais la mort n'en veut pas : elle borne et limite, elle empêche les débordements, elle égalise tout. Elle rabote. Il n'y a pas – quelle malédiction pour Merah, les frères Kouachi, Coulibaly et Petitjean – un arc-en-ciel où seraient suspendus les morts, établissant une hiérarchie entre les manières dont ils furent massacrés. C'est pourquoi les terroristes filment : ils font un concours – entre eux. Un mort de Merah ne pouvant excéder, en puissance, ni un accidenté de la route, ni un mort de Coulibaly, Coulibaly va tenter de surpasser le maître : la *façon* de donner la mort devra excéder la façon de donner la mort de ses prédécesseurs, de ses inspirateurs, de ses précepteurs.

§. – Sans spectateur, eût-il été armé jusqu'aux dents, sur une île déserte, Coulibaly n'eût rien fait. Pour compenser la déceptivité de la mort, telle qu'elle s'incarne dans le corps qui la boit, les djihadistes misent tout sur l'exubérance qui la précède, dans laquelle, non contents de se mesurer à la civilisation, ils se mesurent entre eux ; dans laquelle, non contents de défier notre culture, ils se défient entre djihadistes. Ce sont les James Dean de l'horreur : les courses de voitures face au ravin, ils les pratiquent en exterminant des innocents inoffensifs. Si rien ne peut les faire renoncer, c'est parce qu'ils savent, non pas simplement que leurs successeurs ne renonceront pas, mais que leurs prédécesseurs ont eu le « courage » d'aller jusqu'au bout : « terroriste » est un titre qui perpétuellement est *remis en jeu*.

19

§. – Le terroriste ne tente pas l'impossible : il ne fait qu'exécuter un possible. Cet impossible ne l'est que pour nous. Le terroriste est un fonctionnaire de ce qui n'est impossible qu'à nos yeux. Ce qui nous paraît impossible, non seulement lui semble la moindre des choses, mais cela lui apparaît utile, d'*utilité privée* (comme nous parlons, nous, d'« utilité publique »). Le terroriste se considère lui-même comme quelqu'un qui *fait son travail.*

§. – Les frères Kouachi, Amedy Coulibaly, Abdeslam, Petitjean, Lahouaiej Bouhlel ont réalisé un *exploit*. Or, ces gens ne sont que des *aliénés*, bornés par leur acte : ce qu'ils sont se résume à ce qu'ils ont fait, et ce qu'ils ont fait renvoie, par contraste, à tout ce qu'ils n'ont pas fait. Ce qu'ils ont été capables de faire renvoie à tout ce qu'ils ont été incapables de réaliser. Désormais, ils habiteront leur attentat, se résumeront à lui pour toujours, se limiteront à lui à jamais. Leur existence n'est pas simplement limitée, bornée, réduite par leur mort, mais par l'acte criminel qu'ils ont commis de leur vivant. Ils ne sont pas en mesure de ne pas être réduits à cet acte ; ils sont enfermés, emprisonnés dans une seule et unique action, action qui supprime toute possibilité de passé, de tout avenir déconnecté et vierge du carnage. À l'instant même de leur tuerie, ils se sont montrés incapables de s'arracher à ce qu'ils avaient programmé de faire, ils ont été incapables de raturer leur décision : ils ont été en dessous de leur propre liberté. Les terroristes ne sont pas à la hauteur de leur liberté. Ils sont incapables de s'en servir : ils s'y dérobent. Ce sont des êtres de barreaux, de prison. Ils s'enserrent dans la geôle de leur décision, et cette décision intégralement accomplie, aucun désir, aucune passion, aucune hésitation, aucun imprévu, aucun hoquet n'est venu les en *libérer*.

§. – Les terroristes sont les otages de leurs actes. Ils ne meurent pas seulement pour rien : ils vivent pour rien. Ils ne sont pas simplement morts pour rien : ils ont vécu pour rien. Incapables d'annuler, de remettre, de décliner, de s'incliner, de déserter, d'ajourner, de s'arracher à.

§. – « Ce qui doit être est » : voilà comment le terroriste abolit le présent, qui est le point de toute liberté, le point précis où toute décision contient la potentialité, la possibilité de ne pas avoir lieu. Jamais le libre arbitre, chez le terroriste, ne déborde les limites de la mission ; la liberté coïncide incessamment, à la perfection, au millimètre, avec l'action décidée, avec l'attentat planifié. Même les soldats ont comme horizon l'hésitation – quand ils n'hésitent pas, ils ont comme horizon la peur. Les salauds n'ont jamais peur ; le terroriste n'a pas la moindre peur comme horizon. Sans peur, il n'est de liberté possible. Sans la peur, le risque est indolore. Sans peur le risque est incolore. Sans risque, pas d'existence ; sans existence, non seulement zéro liberté, mais : liberté zéro.

§. – Abdeslam, après la série d'attentats commis au soir du 13 novembre 2015 dans le 11ᵉ arrondissement de Paris, s'est enfui puis réfugié dans une planque pour dormir. On a du mal à supporter qu'un terroriste ait « besoin de repos ». La notion de « sommeil réparateur », appliquée à Abdeslam, relève de la pornographie.

§. – Avant son attentat, le terroriste se *sustente*.

§. – La veille de l'attentat contre *Charlie*, un des frères Kouachi (je me moque bien de savoir lequel) a été *victime* d'une gastro-entérite.

§. – Le terroriste ne peut franchir le moindre degré dans l'ordre du mal ; il est automatiquement au bout de ce bout, à l'extrémité de l'extrémité, à l'acmé de cette acmé. Lui qui n'a pu s'élever, dans son existence, choisit le domaine où l'élévation est *immédiate*, où le statut le plus inaccessible est garanti de fait : Mohamed Lahouaiej Bouhlel, au volant de son camion, accède *instantanément* à l'échelon le plus élevé, au grade le plus prestigieux dans la discipline qu'il s'est choisie et qui se nomme l'attentat. Rien, en prestige, n'égale la mort, qu'on la distribue ou qu'on la réclame – *a fortiori* si l'on se donne les moyens de la distribuer *et* de la réclamer. Là se situe la fondamentale dissymétrie entre le mal et le bien, entre le pire et le meilleur. Le meilleur s'obtient généralement par strates, par efforts ; le meilleur s'obtient par morceaux, graduellement. Le pire s'obtient tout entier tout de suite. Le pire propose aussitôt son meilleur. Ce meilleur qu'est le pire se donne sans conditions ; il supplante la progression, il adoube à la seconde, il valorise en une seconde. Il ne propose que des apogées. Il anoblit dans et par la fulgurance. Il efface la valeur travail. Il égalise tout ; il rectifie les préjudices. Lahouaiej Bouhlel est le meilleur, point à la ligne. Lahouaiej Bouhlel est le meilleur dans ce qui nie le meilleur. Lahouaiej Bouhlel fait, en l'espace de quelques minutes, une longue carrière – une carrière au sommet. Le pire n'est plus ce qui fait chute, mais ce qui fait sommet. Le pire n'est plus ce qui fait tomber, mais ce qui fait monter. Le pire n'est plus descente, il est ascension. Une ascension toujours déjà atteinte, une ascension dont la cime est le point de départ, une ascension qui débute et se termine par le sommet. Tout est validé, à la seconde, dans l'empire du pire.

§. – Le terroriste est celui qui s'invente de la supériorité. Le terroriste est celui qui décrète, qui sécrète sa propre supériorité. Le terroriste produit de la supériorité. Réclame-t-il aussi de l'attention ? Sa haine serait-elle demandeuse d'amour ?

§. – Le terroriste ne demande la permission qu'à la mort.

§. – Le terroriste fait du monde environnant une sous-catégorie, non seulement de sa volonté, mais de son caprice.

§. – Assassiner un enfant ne peut se résumer qu'à une seule chose : l'assassinat d'un enfant.

§. – « Singularité du terrorisme : son action ne s'effectue pas dans un état de danger. Le terroriste n'est pas, n'est jamais menacé. Il n'est pas en position d'insécurité. Il n'est pas pris dans une situation dangereuse. Le terroriste n'est pas une réponse à quoi que ce soit. Le terroriste s'invente une réponse à une situation que lui seul imagine. Le terroriste ne supprime aucun danger : il supprime du non-danger. » Paul-Louis Landsberg, « Le sens de l'action », *Esprit*, octobre 1938.

§. – Que veut le terroriste ? Rien. Non pas au sens où « il ne veut rien », mais au sens où « il veut : rien ».

§. – « Être apôtre ne peut consister à jouer les vedettes du bien. » Henry Duméry, « La tentation de faire du bien », *Esprit*, janvier 1955.

§. – Totale *immodestie* du terroriste.

§. – Les Kouachi, Coulibaly et leurs semblables ne sont pas des nihilistes. Ce sont des riennistes.

§. – On n'insiste jamais suffisamment sur le côté *ridicule* des attentats : pseudo-soldats d'un pseudo-dieu enturbannés, cagoulés incultes, jouant les mastards. Pseudo-musulmans grossiers, armés jusqu'aux dents comme dans des gros gras films d'action de beaufs, roulant des mécaniques, incarnant une virilité de pacotille : triste et bêta parodie de séries B, dandinements, frimage, superfétatoires kalachnikovs. Qu'a-t-on besoin d'une arme de guerre pour abattre des enfants, des anonymes qui font leurs courses, des pacifistes de profession dessinant des bites et des gros seins ? Un coup de boule eût suffi pour leur retirer la vie, ou un petit pistolet comme en possèdent ces femmes de saloon dans les westerns, et qui tient dans la paume de la main. Non : débauche de testostérone et d'arsenal, hypertrophie de la cartouche et du canon, démagogie du cauchemar, imitation de la guerre, pastiche de fin du monde, approximation mal mise en scène d'une apocalypse des lâches : assassiner des gens qui ne s'y attendaient pas, dans le dos, des hommes et des femmes qui n'avaient dans les mains qu'un stylo, un paquet de chips (casher). Sordides mutants déguisés en warriors des enfers pour commettre une abomination aussi simple à réaliser qu'une partie de flipper.

§. – Au sens propre, Kermiche et Petitjean, Abdeslam et Merah sont *désœuvrés*.

§. – Quelques mois après les attentats, il ne reste plus rien des attentats – que les morts. La panique s'est évaporée, l'émotion s'est tarie, on n'en parle plus dans les dîners, le réel s'est décontaminé tout seul. Les Français sont tendus vers d'autres obsessions : les vacanccs ; c'est un autre terrain de jeux pour les terroristes à venir, que de venir taper sur le lieu des vacances. Ils le feront, à n'en pas douter ; les vacances proposent plus d'innocence encore, offrent davantage de désarmement. Les vacances endorment les défenses. Un vacancier cesse de se *méfier*. Tout est en repos sur la plage, y compris l'envie de se sentir en danger. Le terreau de l'action terroriste : l'insouciance, l'évanescence. Le terreau de l'attentat : l'assoupissement. Le terrorisme transforme tout acte banal en acte rétrospectivement dangereux. Le terroriste invente le danger rétrospectif. (Je m'aperçois, relisant ces lignes – ce paragraphe a été écrit le 10 mai 2015 –, que la réalité m'a trop vite donné raison : un attentat contre des estivants en Tunisie a fait, un mois et demi après l'écriture de ce paragraphe, trente-huit victimes à Sousse. En matière de terrorisme, la réalité donne toujours raison au pire. Prédisons, écrivons le pire : le terrorisme se chargera de nous donner raison. En matière de terrorisme, nous sommes tous des devins.)

§. – Les vacances, le monde du travail. Le terrorisme fait feu de tout bois – y compris de la lutte des classes.

§. – On maquille de temps en temps en terrorisme des choses qui lui sont extérieures (décapiter son patron) : cela reste du terrorisme. Le terrorisme récupère tout ce qu'il maquille. Il est gourmand de ses avatars, fussent-ils des impostures ou des masques. Tout est lui, à commencer par ce qu'il n'est pas.

§. – Le terrorisme veut tout être, à commencer par son « contraire ». Un coup de folie impromptu et isolé ? Il est preneur. Un tir groupé scientifiquement préparé ? Il veut en être. Un acte intempestif et athée ? Il signe. Un attentat fondamentaliste de longue haleine ? Il achète. Il prend sous son aile ce qui est maigre et ce qui est gras, ce qui est improvisé et ce qui est manigancé, ce qui est futile et ce qui est sérieux, ce qui est analphabète et ce qui est sophistiqué, ce qui est capricieux et ce qui est froid, ce qui est immature et ce qui est immémorial, ce qui est aléatoire et ce qui est concocté. Rien ne doit lui échapper, des possibilités humaines et de leurs modalités. Des actes et de leurs contextes, des actions et de leurs stimuli. Un seul critère : que la mort trône ; dès que la mort a gagné, il reconnaît en elle un ouvrage qui doit, coûte que coûte, intégrer ses œuvres complètes.

§. – Si je dîne avec la femme que j'aime et que cela se passe mal : acte terroriste possible (je me fais exploser pour me venger) ; à l'inverse, je peux préparer un acte terroriste qui aura comme couverture un rendez-vous amoureux (je tue la femme rencontrée et tout l'entourage) : bijectivité.

20

§. – Amedy Coulibaly partait régulièrement en vacances – au soleil. Il buvait des cocktails, nageait, somnolait sur sa serviette en compagnie de sa petite amie. On ne parvient pas à imaginer que le soleil, les rires, l'amour, la plage et l'été ne puissent définitivement calmer un homme, l'éloigner pour toujours de l'hiver, des cris, des cadavres et du sang. L'été, l'amour, le ciel bleu ne sont les vaccins de *rien*.

§. – Les terroristes distribuent ce qu'ils ont perdu (ce qu'ils sont parvenus à perdre, ce dont ils sont parvenus à se délester) : la peur. Ils ont supprimé la peur en eux. Parce qu'ils ont supprimé en eux la seule peur qui soit : celle de la peur.

§. – Toute peur est peur de la mort. Les peurs qui semblent ne pas avoir peur de la mort sont des peurs qui se voilent la face, ce sont des peurs voilées – ce sont des peurs biaisées. Toute peur qui n'a pas peur des mots vous dira qu'elle est peur de quelque chose, et que ce quelque chose est un avatar de la mort. Qui a peur dans le noir a peur du noir, et qui a peur du noir a peur des ténèbres. Qui a peur de la foule a peur d'être piétiné par la foule ; cette même foule qui, tandis qu'il dormira dessous la terre, viendra frapper de ses pas la surface des glaises.

§. – « Vers un procès de Julien Coupat pour terrorisme », titrait *Le Monde* daté du vendredi 8 mai 2015. Un sabotage de lignes TGV par un groupe d'ultra-gauche est donc toujours considéré comme du « terrorisme ». Julien Coupat « terroriste » : d'une part ; d'autre part, Coulibaly « terroriste » – cela crée une désagréable dissymétrie. « Association de malfaiteurs en relation avec une entreprise terroriste. » Je ne sache pas que la France ait tremblé à cause de Coupat ; je ne sache pas que Coupat ait tué des innocents.

§. – J'ai longtemps cherché le mot qui seyait le plus *mal* aux terroristes. Un casse-tête. J'en ai éliminé des dizaines, des centaines. Ce mot, je l'ai trouvé ; je n'en changerai plus – la « bienveillance ».

§. – Les terroristes échappant, de par leur façon de mourir, à toute forme de souffrance, échappent définitivement à toute possibilité de connaître l'amour. Ils meurent dans la haine, par la haine et pour la haine. « C'est la grande souffrance, dit Suarès, qui fait la beauté de l'amour » : l'absence de souffrance fait la laideur de la haine.

§. – Un terroriste n'est jamais au niveau de ce qu'il commet. Il nc possède le niveau théologique de ce au nom de quoi il prétend agir, ni le niveau politique de ceux qui le poussent à commettre ce qu'il commet. C'est parce que le terroriste ignore tout du solfège qu'il joue sa partition.

§. – Ce n'est pas assez que d'être barbare pour Coulibaly : il s'agit d'être inculte. Le barbare inculte puise une partie de sa puissance dans son impuissance à penser. La guerre, pour Coulibaly, est une occupation. La particularité du barbare inculte, c'est qu'il s'ennuie. Le djihadiste a comme principal ennemi lui-même, c'est à lui-même qu'il livre sa guerre : car c'est avec lui, c'est à ses propres côtés qu'il atteint l'apogée de cet ennui.

§. – Le terroriste des années 2010, le terroriste sans pensée, le terroriste inculte ne parvient jamais à se *désennuyer*. Il s'occupe de nous car il est incapable, non tant de s'occuper de lui, que de s'occuper *à partir* de lui, de s'occuper *avec* lui.

§. – De Renan, que je pourrais signer, et qu'aucun Kermiche ni aucun Abaaoud ne pourra jamais faire sien : « La France s'ennuie, a-t-on dit. Oui, c'est très vrai. Mais pourquoi ? Je ne m'ennuie jamais, moi, je souffre souvent, mais m'ennuyer, jamais. »

§. – L'acte terroriste n'est-il pas davantage le fruit de l'ennui que de la souffrance ? Lorsqu'on souffre, on ne s'ennuie jamais ; tandis que lorsqu'on s'ennuie, on souffre. On souffre de ne pas savoir de quoi souffrir.

§. – Ce que le terroriste entend supprimer, c'est l'entrave, c'est l'obstacle : mais tout, dans sa vision du monde, vient entraver, vient faire obstacle. Le djihadiste rend intransitif ce qui était transitif. On entrave, on fait obstacle. Aucun pronom n'est appelé à compléter ces expressions. Il y a modification de la grammaire, puisque aussi bien le terroriste modifie tout, jusqu'à notre façon d'apprendre, de lire, de compter. On ne parle pas la même langue dans un monde menacé, dans un monde en passe d'être anéanti, que dans la sérénité d'un monde rassurant, d'un monde enveloppant. On ne lit pas, on n'écrit pas, on ne pense pas de la même manière dans un monde corrompu par la violence arbitraire, où l'impossible et le possible ne font plus qu'un, et dans un monde qui espère.

§. – Dans un monde meurtri, la parole doit puiser ses forces dans la culture ; dans un monde saturé de calme, la parole s'endort. L'horreur réveille incessamment la parole, puisque la parole parle de ce qui, sans elle, ne pourrait être que raconté, narré, *témoigné*.

§. – À mesure que la terreur détruit des monuments, une parole très inédite se déploie qui dit cette horreur. Les membres de Daech, décapitant les statues ancestrales, déversant des barils de TNT sur les fabuleux vestiges de Palmyre, ignorent, depuis les bas-fonds de leur infamie, qu'ils font croître la langue, naître des arts neufs qui sont la langue et les arts par lesquels leurs crimes, leurs indignités, leurs folies seront dits. Daech fait jaillir autant de trésors de l'esprit humain qu'il en annihile. Pas de Soljénitsyne sans dictature.

§. – Peut-on se « perfectionner » dans le terrorisme ? Non pas « barbarie et progrès » (on a vu, du nazisme à l'État islamique, comment la barbarie pouvait détourner la technologie pour assouvir ses besoins) mais « progrès *en* barbarie », « à l'intérieur de » la barbarie. On peut se perfectionner dans la culture, le peut-on dans l'inculture ? Est-il possible de régresser sans cesse, de toujours davantage régresser, de progresser dans le processus consistant à empêcher toute forme de progrès ?

§. – Peut-on faire que le pire empire, et si oui comment ? Le pire, dans la barbarie, n'advient-il pas immédiatement ? Ne nivelle-t-il pas par avance ce qui adviendra ? Là où le meilleur se fraie toujours une marge de se faire meilleur encore, battant ses propres records, dépassant incessamment ses prouesses, le pire peut-il aggraver ses dégâts ? Quel meurtre, quel crime serait plus meurtrier, plus criminel que le précédent ? Un trapéziste peut monter plus haut, opérer des saltos deux fois, dix fois plus rapides, ôter le filet de protection. Liszt, pour élever son génie d'un cran, peut soit rajouter des notes à ses notes, et il devient plus virtuose que sa virtuosité, soit ôter des notes à ses notes, et il devient plus mature que sa maturité. Mais chez Daech, qu'entend-on rendre plus abject encore qu'une décapitation d'un adulte par un enfant ? Chez Merah, qu'entend-on rendre plus abominable que l'assassinat d'un enfant par un adulte ? Doit-on imaginer soi-même les combinaisons qui aggraveraient le gravissime ? Par exemple : un enfant décapitant un enfant ?

§. – Peut-on définir une « difficulté » de la destruction comme il est une « difficulté » de la création ? Créer est très difficile. Détruire est-il « difficile » ? Y a-t-il une « conscience professionnelle », une « méticulosité » dans l'art d'assassiner lâchement ? Dans la dégueulasserie, y a-t-il de bons et de mauvais artisans ? Y a-t-il, au royaume de l'inacceptable et de l'inouï, un amour du travail *bien fait* ? Et y a-t-il des gens pour en apprécier l'insupportable qualité ? Peut-on, dans cet univers, définir la notion de « prouesse » ? Est-il déjà arrivé que quelqu'un, par la perfection de son attentat, force techniquement le respect ? Existe-t-il des experts, comme en patinage artistique, pour apprécier la mise en place et la virtuosité ?

§. – Peut-on, dans le registre de l'horreur, continuer de parler de « talent » ? Les djihadistes, les terroristes possèdent-ils des grilles d'évaluation internes leur permettant (comme nous jaugeons la valeur d'un roman, d'une toile, d'un film, d'une symphonie, d'une prouesse sportive) de juger de la *qualité* d'un attentat ? Peut-on, d'un attentat, tirer de l'admiration ou de la déception ? La « figure » de Mohamed Lahouaiej Bouhlel est-elle, chez les terroristes islamistes, égale à celles que représentent pour nous Raphaël, Homère ou Léonard ? Salah Abdeslam a-t-il rêvé, entre janvier et novembre, d'égaler, à la fois en mérite et en virtuosité, ses prédécesseurs de cauchemar (Merah, les Kouachi, Coulibaly) ? Y a-t-il, chez les djihadistes, des copieurs, des plagiaires, des cancres, ou *a contrario* des surdoués, des prodiges et des génies ? Y a-t-il, dans ces milieux que nous ne connaissons pas, des soirs où l'on discute de savoir, jusqu'au petit matin, quel est le plus bel attentat depuis le 11 Septembre ? Y a-t-il des djihadistes pour jouer Kelkal contre Petitjean ? A-t-on, comme au football, ses figures de proue, ses numéros de maillot favoris ?

§. – « Ainsi pour effrayer l'impie et le superbe / Les vents font rage et le tonnerre mugit longtemps », écrit Swift en 1706.

§. – « Nous avons juste assez de religion pour nous haïr, mais pas assez pour nous aimer les uns les autres. »

§. – « La religion semble être retombée en enfance, elle demande à être nourrie de miracles, comme à son berceau. »

§. – « Si l'on faisait le compte de toutes ses opinions sur l'amour, la politique, la religion, le savoir, depuis son jeune âge et jusqu'à sa vieillesse, quel amas d'inconséquences et de contradictions on y découvrirait ! »

§. – « Des lois rédigées avec tout le soin et toute la précision possibles, et en langue vulgaire, sont détournées de leur véritable sens. Pourquoi nous étonner qu'il en aille de même de la Bible. »

§. – Merah, les Kouachi, Coulibaly, Abaaoud ne peuvent que se comparer à *eux-mêmes*. Preuve qu'ils ont bel et bien *inventé* quelque chose dans le domaine du rien.

§. – Quand Lahouaiej Bouhlel a-t-il ri pour la *dernière* fois ?

§. – « Ce n'est pas la force de son esprit, mais celle du vent qui a porté cet homme où il est. » Lichtenberg.

§. – Le passage que je vais recopier à présent me semble l'exact contraire de la déviance terroriste, et peut-être même (on peut rêver) son élixir – son antidote. Il est tiré de *L'Amour fou*, de Breton. « Les hommes désespèrent stupidement de l'amour – j'en ai désespéré –, ils vivent asservis à cette idée que l'amour est toujours derrière eux, jamais *devant* eux : les siècles passés, le mensonge de l'oubli à 20 ans. Ils supportent, ils s'aguerrissent à admettre surtout que l'amour ne soit pas *pour eux*, avec son cortège de clartés, ce regard sur le monde qui est fait de tous les yeux de devins. Ils boitent de souvenirs fallacieux auxquels ils vont jusqu'à prêter l'origine d'une chute immémoriale, pour ne pas se trouver trop coupables. Et pourtant pour chacun la promesse de toute heure à venir contient tout le secret de la vie, en puissance de se révéler un jour occasionnellement dans un autre être. »

§. – Les Kouachi, Coulibaly, Merah, Abaaoud, Kermiche, Petitjean étaient-ils si *creux* que cela ? Quelles étaient, exactement, leurs aptitudes intellectuelles ? Renan : « Des hommes très superficiels et très creux ne peuvent-ils pas opérer un très grand mouvement dans le monde ? Ils le peuvent, et c'est ce qui me fait croire à la possibilité de l'influence révolutionnante du socialisme, Michelet, Quinet, etc. »

§. – Attentats. Mélange *simultané* de stupéfaction et de compassion.

§. – Quelle fut la part d'*autonomie* de Kermiche et Petitjean ?

21

§. – L'État s'achemine parfois vers la terreur ; avec Daech, la terreur s'est acheminée vers l'État.

§. – Septembre 2016 : explosion d'un terrorisme junior. Des adolescents de 15 ans sont arrêtés tandis qu'ils prévoyaient de passer à l'action à l'arme blanche. Se développe une fraternité des dangers courus, non point ensemble, mais chacun de son côté.

§. – Les terroristes sont des isolés en lien entre eux. C'est l'Internationale des solitaires.

§. – « On garde à vue un désespéré, un inquiet, pour qu'il ne fasse pas un mauvais usage de sa solitude. Les égarés ne doivent jamais être abandonnés à eux-mêmes ; car c'est alors qu'ils ruminent de mauvais desseins, qu'ils bâtissent des plans qui mettront en risque les autres et eux-mêmes ; c'est alors qu'ils organisent en système leurs pervers appétits ; tout ce que la crainte ou la pudeur retenait dans l'ombre, leur âme l'étale, stimulant l'audace, irritant les instincts sensuels, surexcitant la colère. » Sénèque, *Lettres à Lucilius*.

§. – Djihadisme junior, suite. On ne sait pas si ce sont des enfants à l'apparence de soldats, ou des soldats à l'apparence d'enfants.

§. – L'État, « le plus froid des monstres froids » (Nietzsche), a trouvé en face de lui plus monstre que lui et plus froid que lui : l'ado.

§. – Surenchère du terrorisme : il s'agit, sans cesse, de frapper l'attentat précédent de péremption. Le dernier qui massacre a raison.

§. – Le président de la République, à court d'effectifs militaires, souhaite créer une garde nationale. Rien de mieux pour former et armer aux frais de la société les futurs candidats au djihad.

§. – Tout attentat devient la cause de l'attentat qui lui succède.

§. – Une concurrence des événements (des attentats) à l'intérieur d'une même date est toujours possible : à qui fera le meilleur 11 Septembre de tous les temps ? Un concours de 11 Septembres. Un concours de 7, 8 et 9 Janviers, de 13 Novembres, de 14 Juillets. Semer la terreur, de manière anniversaire, récurrente, à l'intérieur d'une date.

§. – Il n'y a pas de terroristes chez les vieux, ni chez les handicapés, parce que ni les vieux ni les handicapés ne peuvent s'en prendre à plus faibles qu'eux.

§. – D'aucuns s'étonnent encore que les djihadistes soient djihadistes malgré le shit, l'alcool et les filles. Le shit, l'alcool et les filles sont précisément les ingrédients qui aident au djihadisme. Ce n'est pas : djihadiste *bien que* pilier de bar, mais : djihadiste *parce que* pilier de bar.

§. – La volonté du terroriste est de refermer le monde comme on referme un cercueil.

§. – Les terroristes sont incapables de faire l'expérience du temps. Ils relèguent sans cesse le temps dans d'autres tiroirs que le temps : au paradis, dans la mort, dans la vie du Prophète. Le temps s'écoule partout, sauf en eux. Les djihadistes se situent davantage hors du temps qu'hors de la société.

§. – Incapables d'éprouver l'écoulement du temps, ils le ramassent infiniment, dans « l'instant » de l'attentat, faisant coïncider l'intensité de leur vie avec celle de leur mort. Qui, à part les terroristes, est conscient sur cette terre que ces pleins moments de vie sont aussi des pleins moments de mort ? Qui, à part les terroristes, fait se confondre dans un même éclat de santé énergie vitale et pulsion de mort ? Qui pour transvaser, l'espace de quelques minutes, la vitalité en morbidité ? Le terroriste joue sa vie en même temps qu'il joue sa mort. Il se situe dans un cosmos où sa vie n'est plus au service que de sa mort, et réciproquement.

§. – Il s'agit, pour décrire le terroriste, de chercher à conceptualiser ce que serait la pensée *la moins brillante possible*.

§. – Abdeslam a voulu montrer que le metal le plus *hard* était une musique de mauviettes.

22

§. – La France n'est plus exactement une nation, un pays. Elle n'est plus qu'un lieu. Un endroit. La France est devenue un lieu géographique au sein duquel les « Français » (qui sont les occupants biologiques, physiologiques de ce lieu géographique, de cet emplacement géodésique) se côtoient, se bousculent, – s'ignorent. Ce qu'on appelle la France n'est plus, ne semble plus être qu'une grappe géante d'entités regroupées là, en fonction d'intérêts tantôt convergents, tantôt divergents. Pas le moindre *sentiment national* : cela serait immédiatement vu, cela serait instantanément perçu comme du nationalisme. Il arrive parfois que la victoire d'une équipe de foot française sur une équipe de foot étrangère déclenche, pour quelques heures, une manière d'engouement qui pourrait faire penser à de la fierté. Mais le sport favori des Français n'est pas le football, c'est la hargne : détester la France, lui cracher sans cesse au visage, pointer du doigt ceux qui voudraient l'aimer, lui trouver des qualités, les accusant aussitôt d'être proches des extrêmes, d'être les voisins, en idéologie, des partis politiques dont la haine est le principal moteur.

§. – Nous demandons à des déracinés, nous demandons à des paumés, nous demandons à des étrangers, nous demandons à des non-intégrés, nous demandons à des désintégrés, nous demandons à des marginalisés d'aimer quelque chose (la France) que nous n'aimons pas, que nous passons notre vie à conspuer, dont chaque jour nous dénonçons les bienfaits, dont à chaque heure nous nous plaignons. Nous demandons aussi à ce que l'histoire de ce pays soit transmise dans les écoles de ce pays : cette histoire, nous l'ignorons, nous n'en connaissons plus une miette, nous l'écorchons, nous la distordons, nous n'en avons plus la mémoire. Nous demandons à ceux qui ne sont pas concernés par cette histoire, ou qui ne sont que très fraîchement, très récemment concernés, de la faire couler dans leurs veines, tandis qu'elle a cessé de couler dans les nôtres. Nous demandons à ceux qui viennent d'arriver de se souvenir à notre place. Nous demandons à ceux qui ne sont là que depuis trois générations de continuer cette histoire dont nous ignorons les débuts, et le milieu, davantage encore que la fin. C'est à eux, qui ont tellement de chance d'avoir été acceptés « chez nous », de faire le travail de connaître et d'aimer ce pays, le « nôtre », que nous connaissons si mal, que nous savons si mal aimer. Ils doivent être héritiers à notre place, garants en notre nom.

§. – La démocratie républicaine, ou peut-être devrait-on dire la république démocratique, a ceci de pervers qu'elle met justement les citoyens en face de l'égalité. Rien n'est plus terrible que l'égalité devant la loi, devant l'école : chacun est mis en face de la possibilité *théorique* de s'élever (de « réussir »). La République indique à chaque Français qui voudrait « s'en sortir » qu'il le peut ; face à cette vertigineuse invite, la plupart des citoyens restent à vrai dire (et à raison) tétanisés. Chacun est, *à égalité*, sans le moindre tact, mis en face à face avec son propre talent, sa propre volonté, ses propres ressources pour se hisser au-delà de son milieu, au-delà de lui-même. Chacun se voit doté d'un pouvoir infini pour s'arracher à ce qu'il ne supporte plus d'être. Plus personne (à égalité !) n'a la *moindre excuse* pour ne pas évoluer.

§. – Telle est la violence de l'égalité : ceux qui deviendront les meilleurs sont bien obligés de le *vouloir*, puisque le *pouvoir* leur est *théoriquement* immédiatement *octroyé*. Sur notre dos, qui pèse des tonnes : la possibilité (théorique) que nous avons, ou non, de nous réaliser. De nous affranchir de notre milieu, de notre classe, de notre éventuelle cité. La République nous fait cette violence qui consiste à éclaircir notre situation, à élucider notre caractère, à démasquer nos tares. Quand elle affirme, quand elle postule, quand elle présuppose que tout citoyen français peut réussir socialement, elle *abandonne* ledit citoyen à la solitude de cette réussite, à sa difficulté – à son impossibilité.

§. – En aucun cas la République, qui fournit le bassin, l'eau, le maître nageur et le toit de la piscine, ne fournira la ténacité, l'envie, la frénésie de l'entraînement, la volonté de plonger. La liberté et l'égalité nous laissent seuls avec nos vices. La liberté et l'égalité (la fraternité est une licorne) font apparaître nos paresses, soulignent nos incuries, mettent en relief nos velléitaires penchants, appuient sur nos procrastinations. La grande perversité du système républicain (sa grande intelligence, à vrai dire) est d'avoir fait en sorte qu'en cas d'échec, nous ne puissions nous en prendre qu'à nous-mêmes. Le raté ne peut *in fine* accuser que ses limites.

§. – La réussite est comprise dans « Liberté, Égalité, Fraternité » ; tout est fourni au citoyen, sauf les excuses en cas de fiasco. D'où la tendance, perpétuelle, maniaque, à chercher en cas de dérive les raisons sociologiques de la débandade. Nombreux sont ceux qui depuis des années se sont spécialisés dans la frénétique et obsessionnelle recherche des *causes*. Entendons par là : les raisons pour lesquelles des « enfants » de cette République ne se sont pas intégrés. Ces maniaques de l'explication partent enquêter dans la réalité afin d'y prélever des excuses, comme on prélève lors d'une biopsie des tissus cancéreux. Comme les enfants de la République n'ont selon les lois de la République aucune excuse, on les aidera à en trouver, parfois à en trouver à leur place. Ces éminents spécialistes de la cause passent le plus clair de leur temps à collecter des preuves (on ne peut guère leur en vouloir : la tâche n'est ni sans noblesse ni sans bénéfice électoral).

§. – Aucun terroriste n'a en vérité *exactement* le même profil ; aucun terroriste n'est, en vérité, dans une situation plus désespérée que beaucoup de non-terroristes.

§. – Que les banlieues, que les cités de ces banlieues soient pauvres, c'est un fait ; qu'on injecte des milliards d'euros dans leur réfection, dans leur humanisation, dans leur réhabilitation, dans leur éventuelle destruction, c'est sans nul doute un devoir, c'est sans conteste une urgence. Les conditions de vie, dans quelques zones du pays, sont voisines de l'abomination. Nul ne saurait en disconvenir. Et toutes les politiques de la ville, aussitôt qu'elles seront intelligentes (et intelligibles ; mais elles devront pour être intelligibles être d'abord intelligentes), seront les bienvenues. Ce que nous n'acceptons pas, ce que nous n'acceptons plus, c'est que quiconque, à quelque niveau que ce soit, de quelque rang qu'il sorte, de quelque univers qu'il surgisse, de quelque bord qu'il s'affiche, tente de nous faire accroire qu'il existe *mécaniquement*, qu'il soit prouvé qu'il existe *automatiquement*, qu'il serait patent qu'il existe le plus petit lien *nécessaire*, *irrémissible*, *logique*, *absolu* entre les conditions sociales et le terrorisme. Des liens de ce genre, nous en trouverions ailleurs, si nous regardions ailleurs. Si ce lien était avéré, si ce lien était si pertinent qu'on le proclame, les terroristes pulluleraient. Une telle corrélation serait-elle *réalisée* qu'il y aurait, dans la société, davantage de terroristes que de citoyens.

§. – Si nous sommes rejetés dans une forme d'impuissance pour combattre le terrorisme, c'est justement parce qu'il est l'apanage de quelques-uns. Nous voyons surgir en face de nous, au milieu de nous, une espèce radicalement neuve de Français : des Français qui ne sont pas des citoyens. Ces Français ne sont pas

« hors la loi » : c'est la loi qui est hors d'eux. Des Français *dans* la France, mais non pas des Français *en* (la) France. On a tort de dire qu'ils sont des Français musulmans, ou des musulmans français. En réalité, ce sont des musulmans musulmans *et* des Français français. On ne voit pas en quoi ils ne seraient pas musulmans ; on ne voit pas en quoi ils ne seraient pas français.

§. – Les musulmans de France ne cessent d'afficher : « *Not in my name.* » (Je souligne qu'ils le disent en anglais et pas en français.) Les Français non musulmans de France n'ont pas pensé à afficher « *Not in my name* ». C'est un tort. Les musulmans français n'ont eu de cesse de répéter : « Pas d'amalgame, les terroristes n'ont rien à voir avec l'islam. » Les non-musulmans français ont eu le tort de ne pas répéter : « Pas d'amalgame, les terroristes n'ont rien à voir avec la France. » Ce que nous n'avons pas vu, ce que personne n'a dit, c'est que les terroristes n'ont cessé de se comporter en Français. Les Français passent leur existence à déconsidérer la France : poussant ce penchant à son point d'incandescence, Merah, les frères Kouachi, Coulibaly, Abdeslam, Mohamed Lahouaiej Bouhlel, Abballa, Kermiche et Petitjean la haïssent à leur façon, à leur degré. La haïssent-ils tant que ça ? Ils haïssent d'abord les Français. Ce n'est pas la France que les Français haïssent. Ce que les Français haïssent, ce sont les habitants de la France – ce sont les Français.

§. – Quand tel n'a pas su s'élever par la République, vers le haut de la République, on va exiger que la

République, par la démagogie, s'abaisse jusqu'à lui. Ainsi, l'égalité sera préservée. Abaissons la République au niveau de celui qui ne s'élève pas.

§. – « La France n'ayant pas voulu accepter l'Algérie dans son histoire, c'est l'Algérie qui devait absorber la France dans la sienne. Au fur et à mesure que la métropole, rongée par l'oubli, se vidait de l'histoire algérienne, l'Algérie se gonflait comme un cancer de l'histoire métropolitaine. Les Algériens s'étaient soulevés au nom des principes de 1789. Au nom de ces mêmes principes, on prétendait réprimer leur révolte. Contre la France suspecte de mollesse la colonie européenne devait parodier à son tour les grandes pages de l'histoire nationale. Comité de salut public (1793), barricades (1848), la Commune (1871), Alger devenait hystérique de notre passé, dont elle croyait revivre en quelques années les différentes périodes, jusqu'à l'aboutissement de la République franco-algérienne, État pilote du monde moderne, multicommunautaire et antiraciste. » Philippe Ivernel, « Violence d'hier et d'aujourd'hui », *Esprit*, octobre 1962.

§. – Transmission d'une humiliation ; transmission du *sentiment* d'humiliation.

§. – « Le terrorisme des Algériens est né en 1954 des échecs de la politique du thé [i.e. tout peut s'arranger autour d'une tasse de thé]. Ce jour-là ils sont entrés dans l'histoire aux dépens de la race des seigneurs qui se voyait privée de l'initiative. Ils en appelaient, eux aussi, aux grandes pages du passé pour justifier leur révolte. De la Jacquerie à l'armée révolutionnaire, ils empruntaient tantôt à la Révolution de 1789, tantôt à la Résistance son idéal et sa ténacité. L'homme colonisé qui se libère retrouve la voie que lui avait tracée l'homme prolétarien des doctrines révolutionnaires. La violence est ici l'acte même qui instaure l'histoire de l'esclave naissant à l'humanité : aliéné, il ne peut se dégager que dans un sursaut quasi mystique, qui est la restitution d'une liberté à elle-même. La traumatisation, au lieu d'ouvrir sur une histoire, ne peut aboutir qu'à une répétition du geste violent qui tient de la fatalité. On pourrait montrer les Français, ayant subi la violence allemande, la répercutant en Indochine et de là en Algérie. On a dit aussi que les premiers terroristes de 1954 étaient les fils des fusillés de 1945. Que deviendront à leur tour les enfants de ces terrorisés ? » Philippe Ivernel, « Violence d'hier et d'aujourd'hui », *Esprit*, octobre 1962.

§. – Question : les terroristes sont-ils des petits-fils de terrorisés ?

23

§. – Ce qui ne laisse pas de fasciner, c'est la débauche post-attentats d'analyses plus raffinées les unes que les autres ; c'est la torrentielle profusion d'articles philosophiques, sociologiques, pédagogiques, économiques sur la nature des « événements » et la personnalité des protagonistes. C'est un niagara d'explications, d'introspections, de notifications, de réflexions sur les conditions de la tuerie, ses sources, ses inspirations, ses conséquences, ses implications, ses ramifications ; c'est le flot, c'est le flux de considérations, autorisées, improvisées, scientifiques, littéraires, historiques, épidermiques, profondément profondes, sur l'épisode sanglant ; c'est la publication, faramineuse, de décryptages, d'enquêtes, de conclusions, d'interrogations, d'hypothèses toutes plus intelligentes, plus complexes que l'attentat terroriste lui-même, que les auteurs de l'attentat eux-mêmes. De l'intelligence est donnée, est attribuée à quelque chose qui n'en a pas. Est greffée sur quelque chose qui en est dépourvu.

§. – Devant la barbarie, l'indignation et la modélisation scientifique, l'émotion et la sociologie se retrouvent au même étage : le terrorisme réussit ce tour de passe-passe, de mettre sur un pied d'égalité le Collège de France et le bistrot.

§. – Tout ce qu'on dit (tout ce qu'on entend) sur le terrorisme est intelligent. Tout ce qu'on dit (tout ce qu'on entend) sur le terrorisme est plus intelligent que le terrorisme. Le terrorisme force l'intelligence de la communauté des hommes intelligents à converger vers lui, à se pencher sur son cas, à bâtir des thèses. Tout ce qu'on pense sur le terrorisme est en même temps parfaitement vrai *et* totalement faux.

§. – Aucun propos intelligent n'est plus apte à décrypter l'acte terroriste qu'aucun discours indigent : tout est valable, rien n'est valable. Le terrorisme épuise tous les raisonnements. Il les rend toujours déjà caducs, toujours déjà faux, toujours déjà vrais. Le terrorisme abolit la frontière entre ce qui est exact et ce qui ne l'est pas, entre ce qui est bien vu et ce qui ne l'est pas, entre ce qui est pertinent et ce qui ne l'est pas. Tout est *simultanément* valable pour le décrire, l'expliquer, le commenter – l'étudier. Le terrorisme affole les radars de l'esprit, brouille les fréquences éditoriales, intellectuelles. Il malmène les éruditions. Avec lui, les intuitions tournent à vide. Il ridiculise incessamment, constamment, les conclusions. Il se joue des projections. Aucune décision n'a prise sur lui. Les corpus, les recueils, les articles, les ouvrages, les études, ce livre même, évidemment : des œufs brouillés. Le terrorisme aspire tous les intellects à la manière d'un trou noir.

§. – On cherche les causes du terrorisme partout : dans les sociologies, en priorité. « N'importe quelle explication, disait Nietzsche avec ironie, vaut mieux que pas d'explication » (*Crépuscule des idoles*). Il ajoutait : « Puisqu'il ne s'agit au fond que d'évacuer des représentations oppressantes, on n'est guère regardant sur les moyens de les évacuer : la première représentation par laquelle l'inconnu s'élucide sous la forme du répertorié fait tellement de bien qu'on la "tient pour vraie". » Nietzsche parle alors – expression géniale – de *pulsion causale*, « conditionnée et excitée par le sentiment de peur ». Écoutons la suite, tout aussi extraordinaire : « Le "pourquoi" ne doit, autant que possible, pas fournir la cause pour elle-même, mais bien plutôt une *certaine espèce de cause* – une cause qui rassure, qui libère, qui soulage. Assigner pour cause quelque chose de déjà *bien connu*, de vécu, d'inscrit dans la mémoire, est la première conséquence de ce besoin. Le nouveau, l'encore jamais vécu, l'inédit, est exclu du rôle de cause. – On ne cherche donc pas seulement pour cause une espèce d'explication, mais au contraire une espèce d'explication sélectionnée entre toutes et privilégiée, celle par laquelle le sentiment de l'inédit, de l'inhabituel, de l'étranger, du neuf, du non-encore-vécu, du jamais-vécu-jusque-là, a été éliminé le plus rapidement, le plus fréquemment, – l'explication *la plus habituelle*. – Conséquence : une espèce d'assignation causale est toujours privilégiée, elle se densifie jusqu'à se faire système et devient la grille de lecture dominante, finissant par exclure toutes les autres interprétations et toutes les autres causes. »

§. – Un excès de connaissances ne sert à rien pour « mieux » connaître le terrorisme. Ce « mieux connaître » ne mène à rien.

§. – Je récuse qu'il puisse y avoir sur terre le moindre « spécialiste » du terrorisme. Il y a quelque ineptie, quelque absurdité à embrasser, comme spécialité, des tueries qui n'existent pas encore, des assassinats à venir, des menaces imminentes, des dangers qui planent, des horreurs qui vont surgir on ne sait comment, on ne sait quand et d'on ne sait où. Les « spécialistes » du terrorisme sont aux massacres d'innocents ce que la pluie est à la météorologie, le destin à l'astrologie : des sciences bancales. Nous voudrions davantage de silence plutôt que le spectacle pornographique de ces télévisuelles et radiophoniques péroraisons, durant lesquelles ces « spécialistes » se lancent dans d'interminables ratiocinations saturées de conditionnel et de « peut-être ».

§. – Pornographique qu'être « spécialiste » de corps gisant dans leur sang qu'on n'avait évidemment pu prévoir, exactement comme seront tout aussi imprévisibles leurs successeurs dans le prochain attentat.

§. – « Spécialiste » du terrorisme ? Comment être « spécialisé » en Coulibaly ? Quelle *science* fonder sur ce néant qui dépasse toutes les prévisions, toutes les *prédictibilités* ? Comment être le « spécialiste » d'atomes égarés, indiscernables, et entamer sur quelques rebuts déchaînés des gloses autorisées, de vastes explications ? Cette spécialisation, qui n'est que fascination, abaisse aussitôt celui qui s'y voue. Le terrorisme n'existe qu'à l'instant même où l'attentat se produit, tandis que gicle le sang : avant, il n'y a rien à en dire ; après, nous voudrions que l'univers se taise, qu'il cesse de nommer, de dénommer, de renommer, de surnommer le cauchemar, ses acteurs, ses victimes. Nous voudrions un temps de paix, de littérature, de musique, nous voudrions un temps de chant, plutôt que l'orgie des interprétations « spécialisées ».

§. – Le terrorisme n'est point une science : il tourne le dos à toutes les intelligences ; il s'arrache à tout positivisme possible. Le mettre en équations, le mettre en explications, c'est bêtifier. On ne formalise pas la rage. On ne prévoit pas les pulsions. Le terrorisme n'assassine pas avec la régularité d'une vessie. Toute affirmation, dans cette discipline qui se refuse à être une discipline (mais des chaires de terrorisme prospéreront tôt ou tard dans les universités), sonne comme une aberration : ontologiquement, le terrorisme, par ses irruptions, par ses excès jaillis, rend ridicules et toujours déjà caducs la moindre alerte, la moindre prudence, le moindre *diagnostic*.

§. – Le terroriste n'est jamais à la hauteur de ceux qu'il force à analyser son cas.

§. – À l'hyperterrorisme correspond une hyperintellectualisation du terrorisme.

§. – Omar El-Hussein, 22 ans : le 14 février 2015, il commet deux attentats à Copenhague. Deux personnes sont tuées. Cinq policiers sont blessés. Le premier attentat a lieu au centre culturel Krudttønden (quartier d'Østerbro). Le deuxième attentat a lieu dans la Grande Synagogue. Le Danemark possède aussi des Charb et des Cabu. Le Charb danois s'appelle Kurt Westergaard. Sa vie est semblable à celle que mena pendant près de vingt-cinq ans Salman Rushdie. On a déjà attenté à sa vie, façon Charlotte Corday, dans sa salle de bains. Marat, lui, était *à la fois* journaliste et « terroriste ». Autre époque, autres circonstances. Les Danois se « sentent Charlie » mais ne veulent point trop le montrer : ils ont peur. Afficher « je suis Charlie », c'est se désigner soi-même comme cible. Chaque tee-shirt, chaque pancarte « je suis Charlie » ne fait qu'entériner *in fine* le dessein du terroriste tout en le précisant : toi qui peux me tuer à l'aveugle, voici à présent mon visage. Porter une pancarte « je suis Charlie », ce n'est pas simplement défendre les victimes, se mettre de leur côté : c'est se désigner sciemment comme victime potentielle, c'est se faire victime.

§. – « Je suis Charlie » implique un « tuez-moi aussi », un « j'accepte moi aussi de faire partie des victimes puisque je défends des valeurs insouillables ». Une telle attitude n'est pas viable : le courage n'est pas si flagrant. « Je suis Charlie » ne s'affiche que dans la foule, par la foule, avec la foule : l'indiscernabilité reprend heureusement ses droits. Chaque « Charlie » se dissout dans la masse ; il s'agit d'un héroïsme civique de masse, d'un héroïsme civique indifférencié, d'un héroïsme civique indiscernable. Lorsque tout le monde en même temps, comme un seul homme, se désigne comme cible, la cible s'évanouit : la cible redevient personne en particulier. Les rédactions ne s'y trompent pas : un journal est toujours discernable. Le rédacteur en chef du *Jyllands-Posten* n'a pas souhaité reproduire la une post-attentat de *Charlie*.

§. – Omar El-Hussein est un (sale) copieur. Mimétisme terroristique. La terreur engendre la terreur, et les méthodes de la terreur les méthodes de la terreur. Sosies de ratés.

§. – Nous connaissions le mimétisme positif, qui consiste à imiter (pour réussir dans la vie, pour s'élever) un modèle qui nous inspire. Le mimétisme positif consiste à se choisir une idole et à inscrire nos pas dans les siens. Le mimétisme négatif consiste à se choisir comme modèle, non celui qui a réussi avant nous, mais celui qui a raté avant nous. Et qui a raté comme nous. Ce n'est plus « c'est mon modèle, je veux réussir comme lui » mais « c'est mon modèle, il a raté comme moi ». Identification par le revers.

§. – Certes, les frères Kouachi, aux yeux d'El-Hussein, ont « réussi » quelque chose ; mais cette réussite est la réussite d'un naufrage. Cette réussite est l'entérinement paroxystique d'un échec total. Ce que les imitateurs comme El-Hussein repèrent, c'est comment leurs inspirateurs ont lavé leurs échecs dans une « réussite » qui n'est que la sortie de l'échec par un échec au carré. Ce qu'El-Hussein a repéré, dans la « réussite » des Kouachi, c'est l'échec multiplié par l'échec. C'est la façon d'échouer multipliée par elle-même. C'est le ratage fois le ratage. C'est la solitude amplifiée par la solitude.

§. – El-Hussein était incapable de s'adapter, incapable d'être heureux – incapable d'être capable. Il fréquentait des bandes, des gangs. Ne lui manquait plus qu'un dessinateur (un dessinateur à tuer) pour que toute cette solitude accumulée, toutes ces défaites superposées, tout ce néant perpétué trouvât sa jaculatoire expression, sa libératoire manifestation. Ce dessinateur, ce Charb, ce sera Lars Vilks – dont la « faute » fut de représenter Mahomet. Lars Vilks avait suivi, coi comme nous le fûmes tous, l'attentat contre *Charlie*. Il ignorait que la même chose, *strictement la même chose*, viendrait s'abattre sur sa personne. Il ne pouvait pas s'imaginer, effrayé par ce que Charb, Cabu, Wolinski et les autres avaient vécu, qu'il le vivrait *à l'identique*. Que *Charlie* n'était pour lui qu'une répétition générale – une bande-annonce. Il n'avait pas choisi de partir au bout du monde, mais de rester. Rester, c'était mourir. Il est resté ; il est mort. Il est devenu le sosie de ses frères Charb et Cabu parce que El-Hussein était devenu le sosie des frères Kouachi.

§. – Mimétisme négatif. Mimétisme par le bas. Mimétisme à l'envers. Omar El-Hussein mime si bien le ratage, est si peu capable d'imiter autre chose chez ceux qu'il imite que ce qu'ils ont raté, qu'il a du mal à pénétrer dans les bâtiments – *exactement* comme les Kouachi. Tous commencent par se tromper d'adresse, d'étage. Omar El-Hussein prend un taxi, au risque de se faire immédiatement démasquer, *exactement* comme un des frères Kouachi laisse sa carte d'identité dans sa voiture quelques minutes après la tuerie dans les locaux de *Charlie Hebdo*. Mimétisme de l'amateurisme, plagiat dans l'approximation. Mimétisme dans le mourir.

§. – Tout va bien au Danemark. L'économie se porte à merveille. C'est un des pays d'Europe où, en proportion, le nombre de candidats au djihad (Syrie, Irak) est le plus élevé : 27 djihadistes pour un million d'habitants, quand la France (où les difficultés sociales sont de loin plus aiguës) n'en compte que 18. L'explication par la misère sociale ne tient pas. Inutile de procéder *à ce titre* au remodelage des banlieues : il doit y avoir amélioration des banlieues au nom seul de l'amélioration des conditions de vie de leurs habitants. Au nom du terrorisme, cela s'appelle de la démagogie – au mieux : cela se nomme du hors sujet. L'explication colonialiste ? Elle pèse sur la plupart des éditoriaux publiés dans notre pays : le Danemark est dépourvu de passé colonial. Le seul rapport entretenu par le Danemark avec l'islam est un rapport de stricte immigration – celui-ci n'a fait qu'ouvrir ses frontières aux Irakiens, aux Palestiniens, aux Turcs, soit que les migrants voulaient venir y travailler, soit qu'ils souhaitaient venir s'y réfugier. Pourtant, il y a eu, sans les frottements et les étincelles à la française, *production d'incompatibilité*. Une incompatibilité *ex nihilo*. Il y a eu fabrication d'incompatibilité. Quelques-uns sont venus *aussi* (pour) ne pas s'intégrer.

§. – Il y a ceux qui sont venus sans savoir s'ils pouvaient ou non s'intégrer, et qui ont fini par vouloir s'intégrer, et qui ont pu s'intégrer. Il y a ceux qui sont venus sans savoir s'ils pouvaient ou non s'intégrer, et qui ont fini par ne pas vouloir s'intégrer, et qui n'ont pu s'intégrer. Il y a ceux qui sont venus sans savoir s'ils pouvaient ou non s'intégrer, et qui ont fini par ne pas pouvoir s'intégrer. Il y a ceux qui sont venus sans savoir s'ils voulaient ou non s'intégrer, et qui ont fini par vouloir s'intégrer, et qui ont pu s'intégrer. Il y a ceux qui sont venus sans savoir s'ils voulaient ou non s'intégrer, et qui ont fini par vouloir s'intégrer, et qui n'ont pas pu s'intégrer. Il y a ceux qui sont venus sans savoir s'ils voulaient ou non s'intégrer, et qui ont fini par ne pas vouloir s'intégrer, et qui n'ont pu s'intégrer. La deuxième génération conspue la volonté de s'intégrer de ceux de la génération précédente, qui sont parvenus à s'intégrer.

§. – On ne pensait pas devoir affubler d'un « isme » le mot de « terreur ». Même pendant la Révolution, on n'avait pas eu besoin de le faire. La terreur est une crainte ; la crainte (sentiment) endosse l'« isme » des théories, des concepts, de ce qui fait sens, de ce qui fait discours. L'« isme » greffé à la terreur installe l'effroi dans la commodité de la pensée. La terreur quitte l'exception pour devenir l'habitude ; elle quitte l'accident pour devenir le quotidien.

§. – Bien plus, l'« isme » propose à la terreur de recevoir du sens, de l'intelligence – de la lisibilité. La terreur, désormais, est (théoriquement) *pensable*. Elle s'inscrit dans un système. Là où la Terreur de la Convention, malgré sa durée dans les faits, était conçue comme une mesure exceptionnelle, éphémère, la terreur de l'« isme » induit une temporalité longue, quelque chose qui n'est pas appelé à immédiatement mourir.

§. – L'« isme » inscrit la terreur au rayon des possibilités disponibles. Celui qui sème la terreur possède désormais une fonction au sein de la société ; davantage qu'une fonction, il atteint à la dignité d'un statut – d'un *métier*.

§. – Le terroriste actuel, dont les actes sont tournés vers la destruction de la société dans laquelle le plus souvent il vit, s'intègre en se désintégrant.

§. – Le ministre danois de la Justice entend faire voter une loi visant à juger pour « haute trahison » les jeunes partant combattre au sein de l'État islamique. Trahison à quoi ? À leur pays ? Quel est leur « pays » ? Que représente aujourd'hui, dans nos sociétés, pour les jeunes de ces sociétés, la notion de *pays* ? Le mot de « pays » est devenu le mot le plus abstrait qui soit.

24

§. – Pour que le djihadisme existe, il lui faut plusieurs ingrédients. C'est un cocktail qui, pour être réussi, doit comporter un savant mélange d'idéologie, de désœuvrement et de violence. Et de jeunesse. Tel est l'ingrédient que systématiquement on sous-estime : la jeunesse.

§. – L'intégrisme, le fanatisme, le terrorisme sont des activités de *jeunes*. La violence est, a toujours été, une activité de jeunes. Dans les années 60, en France, nous avions les « blousons noirs », les « loubards », les « rockers ». C'étaient eux, alors, nos « terroristes » : ils se battaient, ils faisaient peur – essayaient de faire peur ; le plus souvent, ils réussissaient. C'étaient eux qui assuraient la peur et la permanence de cette peur. La France, économiquement, se portait plutôt bien ; les loubards, issus ou non des banlieues, utilisaient le *rock'n'roll* pour effrayer, pour « terroriser » le bourgeois. Leur violence était l'expression de leur jeunesse : leurs revendications étaient réduites à la portion congrue. Certes, ils vivaient dans une France corsetée, étouffante – mais ils étaient violents parce que jeunes. Ils étaient rebelles, cherchaient une forme d'absolu héritée de James Dean, d'Elvis. Dans les années 70, d'autres jeunes prirent la relève. Lorsque la jeunesse se renouvelle, la violence se renouvelle avec elle. Les loubards sont devenus des vieux, par conséquent des gentils, des inoffensifs : les punks ont pris leur place. Les punks ont incarné la jeunesse toute neuve, installant une violence novatrice, plus violente que la violence de leurs prédécesseurs – qui leur paraissait datée, désuète, dépassée. La violence des loubards, aux yeux des punks, était une violence de vieux – de vieux cons. Le rock ? Une subversion fossilisée. Une violence cacochyme. Les punks n'ont pas fait que sortir dans la rue, ils ont cherché à vivre dedans. Cette violence ne leur semblait pas aussi stupide, gratuite et infantile que celle de leurs aînés : elle contenait (à leurs yeux) un substrat idéologique supérieur, emprunté pour bonne part à l'anarchisme.

§. – On remarquera que les punks « aidaient » les politiques, les commentateurs, les sociologues et les journalistes. Au djihadisme d'aujourd'hui, on cherche désespérément des causes, des explications sociologiques : les punks, eux, avaient le mérite de nous épargner ce travail. Non seulement ils admettaient, mais ils revendiquaient leur sociologie. De par cette appellation même de « punks », ils proclamaient (c'est ce qui « faisait peur » : ils vénéraient ce que les gens « normaux » fuient, à savoir l'ordure – le jeune adore ce qui dérange, gêne, effraie le moins jeune) qu'ils étaient des rebuts de la société, des déchets, des minables – des loques. Le ratage représentait pour eux la seule forme possible de réussite. La punkitude n'était point vécue comme le *contraire* du rock'n'roll, mais comme l'expression de sa lente pourriture, de son inéluctable acmé, de la manifestation de son ultime avatar.

§. – Après l'attentat contre *Charlie*, le premier réflexe du gouvernement fut de mettre en cause les cités, de parler, au sujet des banlieues, d'« apartheid » français. On oubliait l'essentiel : la banlieue est le lieu d'une majorité, non d'abord de musulmans, mais de *jeunes*. Or, la jeunesse d'aujourd'hui est *de facto* plus souvent musulmane que la jeunesse d'il y a quarante ans, trente ans, vingt ans, dix ans. Les jeunes sont attirés par la violence ; de la Mésopotamie à nos jours, ce fut toujours le cas. Ils embrassent les propositions de violence de l'époque dans laquelle ils vivent, récusant les violences antérieures, qui ne constituent pas pour eux un motif de ralliement, comme des violences d'un autre temps, des violences affadies par le temps. Une violence, cela doit briller des mille feux de l'inédit, de la singularité – de la nouveauté. Les punks étaient le renouvellement, l'actualisation des loubards. Le renouvellement, l'actualisation non des causes de la violence, mais de son expression. Les punks n'ont fait que radicaliser ce qui leur semblait trop mou : pour chaque génération, il s'agit de ne pas être trop contaminé par la violence précédente, par la violence de la génération qui parvient à l'âge où l'on dépose la haine aux vestiaires et les armes au rebut. Chaque génération entend (fièrement) sécréter sa violence propre. Cette violence est la crise d'adolescence des sociétés. Pour se distinguer, les punks firent le choix, montant d'un cran, d'élever en mode d'existence le froid de la rue, l'ambiance des poubelles, l'odeur du vomi. La subversion des anciens, aux yeux des punks des petits-bourgeois à blousons de cuir douillets, ne leur apparaissant plus suffisamment subversive, ils ont cherché à incarner davantage qu'une contre-culture : une contre-existence, un contre-avenir, une contre-société. Les chaînes de vélo ne valaient pas un chien enragé. Les crans d'arrêt ? Datés, périmés, ils semblaient soudain ridicules face aux tessons de bouteille. D'où, avec une naïveté parallèle à la génération assagie qu'il s'agissait de dépasser et d'offenser à son tour, la recherche d'un substrat qui soit vaguement teinté d'idéologie. Les punks sont allés puiser leur « idéologie » du côté des anarchistes – de ce qu'ils pensaient être l'anarchie. En 1977, ils « effrayaient » la société. Les salafistes intégristes sont des punks 3.0. Ils sont ce qu'eussent été les punks si ces mêmes punks avaient rencontré la bande à Baader ou fusionné avec Action directe.

§. – Les années 70 sont les années de ce qu'on appelait « l'extrême gauche ». Les punks n'eurent pas l'idée de s'y associer parce qu'ils refusèrent toute forme de politique. Ils n'étaient même pas apolitiques, même pas *a-apolitiques* (c'eût été encore trop politique pour eux). Les punks rejetèrent jusqu'à l'idée même de révolution. La révolution c'est, au pire, un retour à un système politique révolu (la Révolution française eut comme modèle, dans ses statuts comme dans ses statues, la République romaine) ; ou, au mieux, la réalisation d'une configuration toute neuve. Les punks ne firent *rien* : pas même la révolution. Ils ne rénovèrent pas, ils ne firent que salir. Ils ne bâtirent pas, ils cassèrent. Ils ne construisirent ni ne reconstruisirent : ils détruisirent. Les punks ne vécurent pas « en marge » de la société, puisque la société n'était rien ; ils n'eurent pas d'autre référence, pas d'autre solution (de remplacement), pas d'autre régime (de substitution) à proposer. Ils confondirent aimablement l'Angleterre des Lords avec le régime fasciste (je fais référence ici aux paroles d'un groupe qui, s'il ne les résume, du moins les illustre). Les punks vécurent non pas dans, ni en dehors, ni avec, ni sans ; ils ne vécurent pas sur le dos de la société : les punks vécurent sous le ventre de la société. Ainsi que des rats. Ils sont, ils furent, ils étaient gens d'égouts. Ces mêmes rats qu'ils installaient, aux fins de créer le désagrément, d'installer la nausée, d'instaurer le malaise, de systématiser le dégoût, sur leurs épaules rachitiques et tatouées. Ils possédaient la peau blanche de ceux qui ne supportent point le soleil : les punks furent la proie des mélanomes. Ce sont, c'étaient des individus qui ne s'exposaient pas autrement que tapis dans l'ombre, que surgis de l'ombre – les détritus furent leur royaume ; l'enfer urbain, leur écosystème. Haine de tout, haine de rien – haine de l'amour.

§. – Les années 70 eurent à leur disposition deux manières de faire peur – de « terroriser ». À la petite semaine, avec le gentil anarchisme des punks, épouvantails percés d'épingles, avachis glandus, assommés de tiède bière ; et à la « grande semaine », non plus avec des Anglais, mais avec l'extrême gauche allemande ou italienne. Je mets de côté les Irlandais et les

Basques, je mets de côté les Corses, je mets à part tout ce qui se revendique de la terre, du territoire, du pré carré, de l'indépendance – l'irrédentisme ne regarde pas le terrorisme de la même manière.

§. – Comment les années 70 s'y prenaient-elles pour nous faire peur ? Avec qui ? Avec quoi ? Avec des paumés à rats, et des Brigades anticapitalistes. Avec des jeunes, d'abord. Des jeunes qui ne voulaient rien, ici ; et, là, des jeunes qui voulaient tout. Des jeunes qui ne voulaient rien faire ; et des jeunes qui voulaient tout défaire. Les punks n'étaient pas des « nihilistes ». Pour le nihiliste, le monde qui est ne devrait pas être, et le monde qui devrait être n'est pas. Pour le punk, qu'importe que le monde soit. Le punk n'aspire pas à : même le rien le dépasse. Ne rien *faire* est déjà une insurmontable tâche. C'est ne rien *être*, qui compte. C'est n'*être rien*.

§. – La seule activité du punk est de s'avilir : dans l'avilissement, non seulement le faire et l'être se confondent, mais le rien faire et le rien être ne font qu'un. Le punk se voit socialement comme une déjection, comme le produit d'une digestion – comme une excrétion. Comme une sécrétion. Le punk n'est pas marginalisé, il est éjecté ; le punk n'est pas éjecté, il est déjecté. Il ne vit pas au milieu des ordures ; il est l'ordure. Il est excrémentiel, ou n'est pas. Il ne vise pas le rien, mais le *moins que rien*. La peur (sans commune mesure avec celle que nous inspirent les djihadistes tirant à la kalachnikov dans les rues de Paris) qu'il inspirait provenait de là : le punk s'élevait par le bas.

§. – Ascension contre nature, suicidaire. Les punks proposaient de la laideur et de la puanteur. À l'action ils préféraient la putréfaction. Le punk *putréfiait* le monde. Le seul « faire » possible : faire du pus. L'art du punk n'est pas de l'ordre de la composition, mais de la décomposition. Le punk ne compose pas de musique, il décompose de la musique. C'est un *décompositeur*. Les punks ne « jouaient » pas, sur scène ou en studio : ils « déjouaient ». Les punks voulaient s'opposer aux enfants gâtés qui les avaient précédés en devenant des enfants gâteurs. Ils se considéraient comme de la matière organique humaine corrompue. Leurs dents étaient cariées, pourries. Leurs prédécesseurs avaient eu les dents cassées par les bastons ; les punks eurent les dents pourries par les saisons. Les punks furent moins bagarreurs qu'on ne l'a dit : c'est par la lenteur qu'ils s'atrophiaient, par le pourrissement, par la (progressive) dépravation. Leur violence fut celle de l'oxydation : elle s'insinuait au rythme des chimies. À l'hématome brutal du poing, elle préférait la dévoration invisible des choses. La succession des nuits, le passage répété des froids matins sur les gueules, le frottement du corps contre les canicules ou les hivers : voilà ce qui, selon sa volonté morte, abîmait le punk, le trouait, le perforait – le rouillait.

§. – Le terroriste est un homme, une femme, que l'art ne console pas. Il existe deux catégories d'êtres humains. Ceux qui se consolent par la religion ; ceux qui se consolent par l'art. Quant aux autres, ils se suicideront tôt ou tard, n'ayant pour se consoler que la vie elle-même ; or, on ne peut se soigner en puisant à la source même de nos maux. La vie ne saurait consoler la vie, l'existence panser les plaies de l'existence.

§. – Il faut, à la sommation que nous avons d'exister, une compensation qui soit d'une texture étrangère à la vie. Il nous faut nous échapper dans une représentation de cette vie qui, fût-ce pour un instant, se substitue à la vie elle-même. Pour les uns, cette évasion s'intitule la prière, pour les autres, elle se nomme la peinture, la littérature, la musique, le cinéma. Le terroriste a « choisi » la religion pour consolation (« Je ressentais un manque, j'avais un vide spirituel à combler et je l'ai comblé avec la religion ») ; mais sa manière d'y pénétrer est si aberrante qu'au lieu de s'y soigner, il s'y abîme. Le lieu du réconfort devient celui d'un inconfort supérieur à l'inconfort de l'existence elle-même. Le terroriste (le djihadiste) se trouve dans la situation d'un lecteur qui ne pourrait plus (jamais) sortir d'un roman d'épouvante : il s'y love, y loge, et finit par y vivre. La réalité parallèle qu'offre la religion n'est plus un abri où panser ses plaies, n'est plus un refuge où cautériser ses blessures, n'est plus une oasis où dissoudre ses chagrins, mais le lieu d'un renouvellement, d'une accentuation, d'une aggravation des douleurs, d'une réouverture des béances. C'est le lieu où rien jamais ne suture. La forme traditionnelle, habituelle, familière de l'apaisement prend figure d'excitation augmentée. La prière devient l'instant durant lequel on court chercher, non un surplus de paix, mais davantage de guerre encore. Le djihadiste est celui qui transforme incessamment le silence en vacarme, le sourire en grimace, la sérénité en menace, la paix en guerre. Le djihadiste est un homme (une femme) qui produit de la guerre à partir de la paix.

§. – « Comment expliquer ce fanatisme monstrueux dont les nationaux-socialistes ont toujours fait preuve ? Comment expliquer ces actes qui ont soulevé la réprobation de tout le monde civilisé et leur ont valu l'épithète de "barbares", alors qu'on ne mettait pas en doute leur patrimoine de haute culture et la fécondité de leurs valeurs traditionnelles ? Tout cela trouve sa cause dans le caractère absolu de la jeunesse, qui ne cherche ni les précautions ni les compromis. L'idéal est pour eux tout ce que la jeunesse marque au coin de l'héroïque et du grandiose. Ainsi s'explique l'enthousiasme unanime pour Horst Wessel, qui fut le représentant symbolique du mouvement nazi. Il était jeune et héroïque, aucune crainte ne le retenait contre les communistes pour le triomphe des idées d'Adolf Hitler, pour lesquelles il devait périr à 23 ans. Ce qui unit cette masse de jeunes embrigadés dans les troupes du Führer, c'est évidemment l'idée de la patrie, celle de la nation, celle de la race : mais c'est avant tout, le sentiment de leur jeunesse. Jamais un État n'a été gouverné par des équipes aussi jeunes que l'Allemagne d'aujourd'hui. En France, on n'est que trop tenté de considérer le national-socialisme comme un mouvement pour restaurer la tradition de "l'époque wilhelmienne". Il ne peut en être question : seul ce qui est nouveau et qui correspond à un état d'esprit jeune est mis au service de la collectivité.

Et ce ne sont pas seulement les adversaires déclarés du parti, comme les communistes, et les éléments étrangers à la race, les *rassenfremden*, comme les juifs, qui sont traqués. Tous ceux qui sont vieux, en dépit de leur expérience, doivent céder le pas à de jeunes gens, parce qu'il leur manque cet élan brutal qui est le caractère essentiel de tout mouvement de jeunes. Politique de jeunes : la politique du coup de poing sur la table, politique d'une mystique brutale. » Berg Heintz, « Traits de la Nouvelle Allemagne », *Esprit*, janvier 1934.

§. – « Qui sont donc ces enfants perdus, ces soldats désenchantés dont les actes désespérés nous font frémir et nous interrogent : les héritiers sans avenir des insurrections manquées, communards, spartakistes, anarchistes, soixante-huitards, les descendants d'un stalinisme déjà cent fois condamné, les anges annonciateurs des apocalypses totalitaires ? N'y a-t-il pas de réponse à leur déraison ? Leur effort forcené de détruire ne risque-t-il pas de dresser contre eux – à cause d'eux – la première internationale des justices d'État qui rayerait d'un trait de plume, au bas de traités communs, les droits d'asile politique, les quelques clauses qui permettent à ceux que traquent et persécutent des lois arbitraires de trouver un refuge dans un pays de leur choix ? » Christian Audejean, « Fantômes ensanglantés sur les eaux de quels fleuves… », *Esprit*, décembre 1977.

§. – Voici quelques phrases, et quelques expressions, recueillies (je ne dévoile momentanément pas leur provenance) au sujet des terroristes : « protestation sourde, recherche d'identité » ; « désespoir, pessimisme » ;

« les gens, les jeunes peuvent être désorientés, mais il n'y a pas de pente fatale qui conduit à la reconnaissance d'un sauveur ou d'un grand guide. Sauf peut-être le maintien en marge, la non-reconnaissance de certaines révoltes » ; « pas réflexion mais action » ; « entre les utopies et les paniques que ça provoque quand elles échouent » ; « mettre en scène tout ce qui fascine les inquiets des centres et des périphéries des villes » : ces phrases, ces expressions ne dépeignent pas les terroristes, mais les punks, sous la plume d'un sociologue, Patrick Mignon – en 1978.

§. – Cela nous paraît aberrant observé, considéré depuis 2017 : mais oui, en 1977, en 1978, c'étaient les punks qui effrayaient la population. « Les punks font peur », écrit bel et bien Patrick Mignon, en octobre 1978, dans la revue *Esprit* (« L'effet punk »).

§. – La jeunesse fait peur. Elle est violente ; elle est extrême. Elle terrorise ceux qui furent jeunes autrefois, c'est-à-dire ceux qui furent jeunes autrement.

§. – Après les punks, ce sont les skins qui sont venus nous faire peur (qui se sont *proposés* pour nous faire peur). Après les skins, ce sont les zoulous qui sont arrivés, puis les zoulous ont laissé la place aux rappeurs. Avec les rappeurs, on se rapproche un peu plus du comportement de certains islamistes radicaux. Le cocktail est toujours (désespérément) le même : jeunesse, désœuvrement, fascination pour la violence ; mais avec le rap quelque chose survient, qui n'est plus strictement social ; un aspect ethnique intervient. Une couleur se met en branle – ce n'est pas la même chose d'être un punk blanc que d'être un punk noir, un punk de couleur. L'humiliation par la couleur est séculaire – est millénaire. Lorsque les communautés se soulevèrent, aux États-Unis, pendant les émeutes (comme celles de Watts au milieu des années 60), elles firent l'Histoire ; c'était une communauté « raciale » (désignée comme telle) qui faisait de la politique avec les poings. Cette violence, densifiée à l'infini, est celle qui se diffusa peu à peu jusqu'aux rappeurs – punkitude *plus* négritude : cocktail plus explosif que punkitude toute seule ou négritude isolée. Le punk, dans ses malheurs punkisés, aussi délabrée soit sa situation sociale, reste aux yeux des Noirs un privilégié. Il a sa blanchitude pour lui. Sa perdition peut alors apparaître toute relative, surjouée – infantile. Aux yeux des descendants de siècles d'esclavage, le punk n'est rien d'autre qu'un *poseur*.

§. – Le punk, aux yeux du rappeur, n'est rien d'autre qu'un petit-bourgeois – exactement comme le rocker n'était rien d'autre qu'un petit-bourgeois aux yeux du punk. On a le choix, dit le rappeur au punk, de se rouler ou non dans la fange, se vautrer dans les excréments est remédiable, boire l'eau du caniveau jusqu'à la lie n'est en rien irréversible, là où la couleur de la peau, elle, reste indélébile. On n'habite pas toute sa vie dans une décharge : on habite toute sa vie dans une peau ; toute sa vie on loge dans sa couleur – dans la couleur noire de sa peau noire de Noir. Le cocktail se charge d'Histoire et cette Histoire est elle-même chargée d'ADN.

§. – Ajoutons à la couleur de la peau, ajoutons à l'humiliation historiale de n'avoir point été blanc l'humiliation historique d'avoir été colonisé par les Blancs. Les « Arabes » doucement se dessinent : ne manque plus qu'un ingrédient, dont la collusion avec la jeunesse et sa corollaire violence, pour que le cocktail devienne explosif ; ne manque plus qu'un ingrédient à la punkitude raciale et historiale et historique, à la punkitude humiliée par l'Histoire à cause de sa race : *la religion*. Les punks ne sont plus des punks blacks, les punks ne sont plus des punks arabes : les punks sont des punks musulmans. Ce sont des punks qui non seulement incarnent l'humiliation sociale, qui non seulement témoignent de l'humiliation coloniale, qui non seulement attestent de l'humiliation raciale, mais ce sont des punks qui possèdent le détonateur qui leur manquait pour mettre le feu aux poudres de leur jeunesse. Ce détonateur s'appelle : le Coran. Bien sûr qu'ils le lisent de travers ! Les punks lisent tout de travers ; ils marchent de travers, vivent de travers.

§. – Il existe (pourtant) une différence de taille entre les punks punks et les punks musulmans. Les punks punks jonglaient plutôt bien avec les symboles du mal : croix gammées concassées, inversées, tordues ; les punks musulmans, qu'on peut aussi appeler « islamistes intégristes », jonglent très mal avec les symboles du bien. Les punks de l'ordure trituraient la mythologie de l'enfer ; les punks de l'islam triturent la mythologie du paradis. Les punks punks voulaient nous effrayer en subvertissant les emblèmes du pire ;

les punks musulmans veulent nous effrayer en subvertissant les emblèmes du meilleur. Les punks punks faisaient n'importe quoi en se réappropriant les codes de la guerre ; les punks musulmans font peur en se réappropriant les codes de la paix. Les punks punks réinterprétaient le fascisme en le détournant : ils tentaient de faire mal au Mal, mais faire du mal au Mal, ce n'est pas nécessairement faire le Bien. Les punks musulmans réinterprètent l'islam en le détournant : ils tentent de faire mal au Bien, et faire mal au Bien, c'est nécessairement faire le Mal.

§. – Le Mal produit par les punks punks ne faisait mal qu'à eux-mêmes ; le Mal issu des punks musulmans fait mal à tout le monde – y compris à eux-mêmes. Le Mal produit par les punks punks ne pouvait pas attirer les foules : le désœuvrement seul ne constitue pas un signe de ralliement, un motif de rattachement, un port d'attache suffisant. La misère sociale des jeunes n'est pas de ces ciments qui parviennent à bâtir une communauté. Il faut à cela un ciment plus ancien, plus immémorial, plus sourd, plus lointain, plus transmis, plus digéré, plus assimilé, un ciment qui fait partie de soi, un ciment qui a fini par s'intégrer aux gènes, à la personnalité, à la personne de l'humilié. Celui qui s'agrège, qui vient « s'agréger à », est celui dont l'humiliation avait commencé avant, ailleurs ; c'est le *toujours déjà* humilié qui se présente à la communauté ; il s'y présente l'humiliation *déjà* avérée, *déjà* entérinée, *déjà* attestée. L'humiliation est *déjà* presque achevée en soi quand la communauté qu'elle forme se réunit pour la toute première fois.

§. – La Terreur robespierriste : environnement masculin très peu festif. L'anarchisme : environnement masculin très peu festif. Les blousons noirs : environnement masculin très peu festif. Les punks : environnement masculin très peu festif. Daech : environnement masculin très peu festif. Philippe Muray a jadis étudié la fête. Reste à étudier tous ceux qui ne la font pas, qui détestent la faire. Parmi eux : les violents de l'absolu. Tout ce qui hésite entre le ridicule et le tragique suinte le masculin par tous les pores. Quant à la fête – c'est ce que ne voit pas Muray –, elle permet, cycliquement, d'échapper à tout *esprit de sérieux*.

§. – La théologie est une manière de faire parler le silence de Dieu. Le terrorisme est une manière de le faire hurler.

§. – « J'erre à tâtons dans le monde comme un aveugle, au lieu de faire voir à mon frère malheureux une lumière qui le réconforte dans ses ténèbres. » Hölderlin.

§. – « Je considère la raison comme le commencement de l'intelligence, et lorsque la bonne volonté craint ou refuse de devenir intention utile, cela caractérise la nature humaine en général de même que Hamlet est caractérisé par la difficulté qu'il éprouve à agir dans l'unique dessein de venger son père. » Hölderlin.

25

§. – « Le livre sacré est admirable ; mais rien de plus sot que le commentaire sacré du livre sacré. » Renan, *Cahiers de jeunesse*.

§. – Les terroristes prétendent commettre leurs actes pour venger leurs « frères palestiniens » ; ils se mêlent par conséquent de politique. De l'autre côté, ils se prétendent l'incarnation de l'islam dans toute sa pureté. Cette contradiction ôte aussitôt, non seulement toute intelligibilité, mais toute intelligence à leur « démarche ». Ils croient mourir au nom d'un islam purifié : ils se font trouer la peau en petits politicards.

§. – La transformation d'une parole en discours s'appelle *laïcisation* ; la transformation d'un discours en parole s'appelle *fanatisation*.

§. – L'expression « islam politique » contient une insoluble contradiction. Si l'islam est politique, la parole se fait discursive et le sacré se dissout dans la démagogie. Si l'islam commence à *discourir*, l'islam meurt. À l'inverse, si le discours se fait parole, entend se hisser jusqu'au sacré, le sacré prendra ses jambes à son cou, et la parole, effrayée par la faible teneur en transcendance des promesses et des démonstrations, ira se déployer ailleurs, fidèle à sa mémoire, fidèle surtout à sa pureté, à son besoin de vérité. Le discours se veut brillant là où la parole se veut profonde. Frotter, creuser : deux exercices qui ne se ressemblent pas.

§. – Si l'islam fait de la politique il cesse de creuser et se frotte jusqu'à briller comme une pièce d'or. L'islam de l'éloquence extérieure n'est plus l'islam du silence intérieur. L'islam des foules n'est plus l'islam de soi. L'islam des tribunes n'est plus l'islam à genoux – celui des projecteurs n'est pas celui de la lumière. L'islam qui fait de la politique est un islam du bruit qui n'est pas de l'islam. Quant à la politique qui fait de l'islam, elle n'en fait qu'un outil ; elle le brade, elle le *bavarde*. L'islam n'est plus qu'un contenant évasif et cesse doucement, irrémédiablement d'être un contenu. Il n'est plus un islam qui se tait en soi pour se dire, mais un islam qui se donne et se vend.

§. – L'islam politique, qu'il soit un islam parlant politique ou une politique parlant l'islam, est un islam prostitué.

§. – Il faut laisser l'islam à l'islam, à l'abri des chaos du calcul, des résultats à viser, des attentes et des buts. L'islam appartient au cœur de celui qui l'entend, il parle à celui qui le parle – loin, très loin des élections qui viennent, des phrases qui s'accumulent, des démonstrations qui se multiplient.

§. – Faire taire le discours en soi : mais prier pour que la parole le remplace, parole souillée par nul contrat, par nulle urne, par nulle campagne électorale. Lumière, solitude, silence ; là le monde se déploie. Doucement.

§. – Pour Daech, la politique l'emporte sur le religieux ; la politique prédomine sur le religieux ; la politique domine le religieux. Elle l'utilise ; elle le manipule. Elle le prend en otage.

§. – « Islam*isme* » : l'« isme » trahit le passage du religieux au politique. Dans l'islamisme, c'est l'islam qui se perd en chemin (qui est perdu, qui est oublié, qui est sacrifié). C'est la religion qui disparaît. Plus l'« isme » de l'islamisme est prégnant, moins la religion compte.

§. – L'islamisme *radical* n'est possible que parce que la *radicalité* est l'expression du *politique*. Une religion n'est *jamais* radicale. Cela n'a aucun sens. Une parole n'est jamais radicale ; un *discours* peut être radical.

§. – Sartre : « La radicalité, je le reconnais, conduit à une impasse » (*L'Espoir maintenant*).

§. – La radicalité suppose une *action*. C'est une intention poursuivie *quoi qu'il arrive*. C'est l'intention, dans la radicalité, qui est première. L'intention d'aller *au but*. D'atteindre un *objectif*. La radicalité est une intention que rien ne vient *altérer*, ou plutôt : qui ne se laisse altérer par rien. La radicalité est de même nature que le discours, puisque le discours atteint toujours son but (ou *cherche* toujours à atteindre son but).

§. – On appelle « discours » ce qui n'oublie jamais le but visé – le résultat à obtenir. La radicalité n'est pas qu'une action. La radicalité n'est pas qu'un discours. *La « radicalité » est l'intention première perpétuée jusqu'à son but par la continuation d'un discours sous la forme de l'action.*

§. – Dans la radicalité, le discours accepte implicitement de passer le relais à l'action.

§. – L'action *radicale* est la continuation d'un discours par les moyens du réel. Pas simplement sa transposition : mais sa continuation. Pas simplement sa réalisation : mais sa continuation. Dans la radicalité, la frontière entre le discours et l'action est abolie. Il n'y a pas seulement continuation, mais continuité. Dans la radicalité, le discours et l'action ne font qu'un. Le réel devient celui, et rien d'autre que celui du discours. Le discours radical occulte la réalité réelle au profit d'une réalité née de ce discours ; et c'est dans (*au sein de*) cette réalité discursive – imaginaire, aberrante – qu'a lieu « l'action » radicale (l'attentat). Le terroriste agit toujours dans une réalité qui n'existe qu'à partir et dans le discours qui l'a produite. L'acteur qu'il est n'a pas vécu le passage du discours à l'action comme un dépaysement.

§. – La radicalité est ce qui n'accepte pas d'être modifié par quoi que ce soit – y compris et surtout par la réalité. Que la radicalité ne soit pas réellement située dans le réel – qu'elle rejette ce réel –, Sartre l'affirme bel et bien : « Si nous posons que telle ou telle action doit être radicale, doit se développer jusqu'au bout de ses conséquences *sans tenir compte* du fait qu'une action est toujours au milieu d'autres actions et que celles-ci sont faites naturellement pour *la modifier*, nous disons une sottise » (*L'Espoir maintenant*). La radicalité est ce qui est sot : c'est ce qui « ne tient pas compte de ». Or, seul un discours – quand il raisonne depuis la réalité réelle – peut « ne pas tenir compte de ». La radicalité naît du discours ; elle ne peut par conséquent appartenir qu'à la sphère du *politique*.

§. – Sartre : « La radicalité, ce n'est pas tellement la fin poursuivie que l'intention. » On devrait dire : c'est une intention qui finit par muter en sa propre fin – une intention qui ne bouge pas.

§. – La radicalité est une intention qui garde le cap. C'est une intention qui, sans cap, n'a plus rien à viser ni plus lieu d'être. La radicalité est cette impossibilité de dissocier l'intention de la fin poursuivie. La fin poursuivie a produit cette intention – comme si cette fin était l'intention de l'intention. Comme si la fin poursuivie était le véritable commencement de l'intention. Comme si la fin précédait l'intention. Dans la radicalité, l'intention naît de la fin à poursuivre. C'est la fin poursuivie qui est la *racine* de l'intention, et non l'intention qui est la *racine* de la fin poursuivie. Le mot « radical » provient du mot « racine » (en latin, *radicalis* signifie « la racine ») ; en mathématiques, on a inventé les nombres imaginaires : ils ont la propriété d'accepter les carrés négatifs ; la racine carrée de (– 1) est ainsi définie. La fin précédant l'intention, voilà qui nous sert de négatif sur l'échelle chronologique : la radicalité est une action imaginaire (intention) qui se transforme (ou non) en action réelle (fin poursuivie).

§. – Un prêtre égorgé par deux jeunes djihadistes qui, l'avant-veille, ne se connaissaient pas, ne s'étaient jamais rencontrés… L'acte à commettre, l'intention à porter jusqu'à son fatidique terme, voilà qui les aura soudés davantage que des années d'étroite amitié, de connivence et de proximité. Se développe une *Internationale de l'intention*.

§. – La veille de son attentat, Lahouaiej Bouhlel était venu repérer les lieux sur la Promenade des Anglais. Pour lui, l'attentat était en quelque sorte déjà commis – commis dans sa tête ; les passants de la veille, tout aussi inconscients de ce qui se préparait que leurs malheureux homologues du lendemain fatidique, avaient été les figurants d'une répétition, d'un attentat blanc. Ils avaient évolué, sans le savoir, à l'intérieur d'une *intention*. Les promeneurs du 13 juillet avaient, de par leur présence, préparé la mort des promeneurs du 14. Ils en avaient été les répétiteurs ; ils en étaient les repères. Ils en avaient été les brouillons.

§. – Il n'est pas impossible de penser que, parmi ceux qui déambulaient sur la Promenade pendant que Lahouaiej Bouhlel évaluait la faisabilité de son attentat, il y ait eu de futurs cadavres – des passants qui étaient là la veille *et* le jour même, qui jouaient, en quelque sorte, le rôle de leur propre doublure.

§. – La radicalité est politique ; la radicalité « musulmane » n'a aucun sens. Sauf à entendre le mot « musulman » comme un mot détourné de son origine et n'ayant plus de sens que strictement politique. La radicalisation d'un « musulman » (d'un « faux » musulman, par conséquent) est de même nature que celle d'un gauchiste des années 60.

§. – Ne jamais rester dans la prison de son « identité ». De son « possible ». Aucun « possible » n'est figé. Ce que Bataille appelle « l'homme entier » est celui qui s'arrache à ce qu'il croyait qu'essentiellement il était. Celui qui s'arrache à ce qu'il croyait qu'il ne pouvait qu'indéfiniment être. Chez Nietzsche : l'*Übermensch*. Qu'il faut traduire par : « l'homme de la traversée ». L'homme qui traverse la rive qui sépare le possible de l'impossible. Qui sépare le possible de ce qu'il croyait être pour lui l'impossible. L'impossible n'est pas ce qui n'advient jamais : c'est ce qui ne peut s'exprimer dans la langue de l'habitude.

§. – *Übermensch* ou homme entier : celui qui parvient aux abords de l'impossible, d'abord par une *arrachée*, puis par une *poussée*.

§. – Là, dans la traversée, une fois arraché à son identité, à son « essence », se dessine pour l'homme une mystique. Non pas une mystique athée, mais une mystique athéologique. Celle d'une *transcendance horizontale* (non pas une immanence, non pas une transcendance verticale, mais une transcendance horizontale) ; l'homme qui s'arrache à ce qu'essentiellement il était, l'homme qui s'avance vers l'impossible est (en effet) débarrassé de tout but, de tout résultat, de toute forme de récompense quelle qu'elle soit. Il est pure dépense ; il est gratuité. Dans la religion, la faille (l'astuce) provient de ce que nous attendons, de ce que nous espérons un salut – et que nous attendons tout du salut ; quelque chose pour *plus tard*. Nous sommes semblables à des épargnants. Le catholicisme, nous dit Bataille, avait tout pour ne pas être une religion de l'épargnant, du comptable. Écoutons-le dans *L'Expérience intérieure* : « L'imitation de Jésus : selon saint Jean de la Croix, nous devons imiter en Dieu (Jésus) la déchéance, l'agonie, le moment de "non-savoir" du "*lamma sabachtani*" ; bu jusqu'à la lie, le christianisme est absence de salut, désespoir de Dieu. Il défaille en ce qu'il arrive à ses fins hors d'haleine. L'agonie de Dieu en la personne de l'homme est fatale, c'est l'abîme où le vertige le sollicitait de tomber. L'agonie d'un Dieu n'a que faire de l'explication du péché. Elle ne justifie pas seulement le ciel (l'incandescence sombre du cœur), mais l'enfer (l'enfantillage, les fleurs, Aphrodite, le rire). »

§. – L'identité appartient au possible. L'identité, cette habitude... L'identité, cette prise... Cette cage... On est, mais on n'*ek-siste* pas dans l'identité. S'y arracher. Dès qu'on le peut – vouloir pouvoir s'y arracher. Vouloir pouvoir s'y soustraire. Même quelques secondes.

§. – Pour Sartre, l'impossible doit précéder le possible (l'existence précède l'essence). Pour Bataille, l'impossible doit être arraché au possible. Rester dans l'identité, c'est s'enfermer dans le sein du possible. Que reste-t-il, dès lors, sinon une coque de noix vide, de la « liberté » ? Pas d'homme entier sans *arrachée*. Pas d'expérience intérieure. Pas de transcendance horizontale. Dans son identité, l'homme est fait comme un rat.

§. – Ce à quoi il s'agit échapper pour être libre, c'est à l'*immanence* ; pour Bataille et Sartre (mais différemment), à la *transcendance verticale*. La liberté passe par la *transcendance horizontale*. Ce qui rend l'homme libre, c'est l'instant de vérité face à l'impossible (deuil, mort, guerre, rupture, viol, violence…). Pour Sartre, la rupture – du moins la possibilité de rupture – est la condition de la liberté.

§. – Passer du possible de l'identité à l'impossible de « l'autre » : tel est le chemin que nous nommons la liberté. Pas de liberté possible sans abandon de l'*esprit de sérieux*, de l'esprit d'épargne, de l'esprit de *discours* – de l'esprit de *résultat*. « Remise de l'existence à plus tard » (Bataille) : tel est le postulat de l'esprit de sérieux. « Sérieux », en haut allemand, exprime la notion de poids, de lourdeur. Conclusion, pas d'arrachée possible. Exclusion du *rire* – le rire est une dépense ; le rire est le contraire de l'épargne.

§. – L'analyse du terrorisme (notamment du passage à l'acte) doit être plus *existentielle* qu'*essen*-

tielle. L'aberration du terrorisme réside en ce que la *transcendance* n'a pas lieu par la parole mais par le discours. Aussi, l'acte terroriste est-il le fruit d'un discours qui se retrouve – sans qu'il ait rien à y faire – dans la sphère de la parole : le terroriste attend un *résultat* de son acte. C'est une fausse existence, une fausse sortie de soi, une fausse « arrachée vers », une fausse transcendance horizontale que celle du terroriste. *Le terroriste n'est pas libre*. Il est prisonnier de lui-même ; de son possible ; de son identité (même si celle-ci est toute neuve) : cette traversée, ce changement, cette modification, cette arrachée du possible vers l'impossible a suivi le mode discursif – aucune traversée n'est digne de ce nom si elle a lieu par obéissance à un discours. Fausse arrachée, fausse rupture, rupture erronée, mirage de rupture, rupture qui n'en est pas une. La rupture vraie est désaliénation : le terroriste confond « liberté » avec « aliénation toute neuve », avec « nouvelle aliénation », avec « aliénation différente de l'aliénation précédente ». Le terroriste, par son acte, ne fait que changer d'aliénation. Il a cru exister : il n'a fait qu'aller d'une essence vers une autre. Il a cru passer du possible à l'impossible : il n'a fait que se déplacer d'un possible vers un autre, d'un possible numéro 1 vers un possible numéro 2, d'une identité alpha vers une identité lambda. La liberté ne consiste pas à changer de cachot. Ni même de centre pénitencier. La liberté, cette arrachée, ne se manifeste pas par le départ d'une identité (qui par définition ne bouge pas) et l'arrivée d'une autre identité (qui par définition ne bougera pas non plus). La liberté ne consiste pas à voyager de fixité en fixité.

Elle consiste à abolir en soi la tentation d'accoster vers l'immobile – vers le stable.

§. – Le terroriste confond le fait d'être libre avec le fait d'être devenu un autre (un chômeur anonyme devient un assassin célèbre). La liberté, c'est justement de n'être pas plus réductible à ce nouvel autre qu'à l'ancien ; à cette nouvelle identité qu'à la précédente. Montaigne : « Du masque et de l'apparence, il ne faut pas faire une *essence* réelle. » Au contraire, du masque et de l'apparence, il s'agit de faire le départ d'une nouvelle existence. Départ d'une nouvelle existence, et non arrivée dans une nouvelle essence. L'instant de vérité contre l'identité : condition de l'arrachée, puis de la poussée vers l'impossible. Par la parole – jamais par le discours.

§. – Deux passages (très puissants) de *L'Expérience intérieure* montrent que l'impossible, s'il n'est qu'une fixité, qu'une « terre d'accueil définitive » (ou vécue comme telle), n'est plus le lieu de la liberté, de l'arrachée, de la rupture, de l'ek-sistence, mais d'une nouvelle essence, d'une nouvelle identité – d'une nouvelle aliénation. *Premier passage* : « Je ne puis, je suppose, toucher à l'extrême que dans la répétition, en ceci que jamais je ne suis sûr de l'avoir atteint, que jamais je ne serai sûr. » Tandis que le terroriste, lui, est sûr ! Sûr de quoi ? D'avoir atteint son *but*. « Et même, poursuit Bataille, à supposer l'extrême atteint, ce ne serait pas l'extrême encore, si je m'endormais. L'extrême implique "Il ne faut pas dormir pendant ce temps-là" (jusqu'au moment de mourir). » Non seulement le terroriste s'arrête au premier impossible venu, mais il s'y arrête sur un malentendu (il y parvient par le discours) : en outre, s'arrêter à l'impossible est la preuve qu'on n'y est point parvenu (l'impossible appelle davantage d'impossible, à l'infini – expérience de la *répétition*). Les terroristes ne résident pas dans l'extrême, puisqu'ils sont tributaires du salut (de la conviction du salut). Bataille : « L'idée de salut, je crois, vient à celui que *désagrège* la souffrance. Celui qui la domine, au contraire, a besoin d'être brisé, de s'engager dans la déchirure. » Le terroriste, contrairement à ce qu'il s'imagine (et que nous imaginons), ne s'engage pas dans la déchirure (il n'en a pas le cran) ; il agit comme un petit épargnant : il relègue son existence à plus tard. Il croit mourir en héros, il meurt comme un petit notaire de province. *Deuxième passage* : « Je pourrais dire : "Tout est accompli." Non. Car à supposer que je le dise, aussitôt j'aperçois le même horizon fermé que l'instant d'avant. Je ne puis m'arrêter (je ne puis – mais je dois avoir le souffle). Et plus loin, toujours plus loin. » Jusqu'au non-savoir total. (L'impossible est le lieu où le savoir ne sert plus à rien, il est le lieu du non-savoir.) Le terroriste, lui, ne fait que changer de « savoir » ; surtout s'il est converti. Il est logique de trouver parmi les terroristes beaucoup de « convertis » (convertis à quoi ? à un islam qui n'en est pas un). Le terroriste entend aller du possible vers l'impossible, mais ne comprend pas que cet impossible n'est que le nom d'un autre possible ; que l'impossible, précisément, nécessite de *renouveler chaque fois l'arrachée* qui a mené à l'impossible précédent (ce, tant qu'il reste une parcelle de savoir). Le terroriste procède à l'arrachée « grâce » au discours : son arrachée est un leurre. Dès le départ, il fait fausse route. Pour lui, l'impossible est un point d'arrivée fixe, un résultat à obtenir, alors que le propre de l'impossible (de l'extrême), nous dit Bataille, est que *jamais* nous ne sommes sûrs de l'avoir atteint. La conversion entretient un lien ténu avec le terrorisme.

§. – Autre manière de définir la radicalité : s'arracher au possible pour aller vers l'impossible par le biais du discours (qui sait toujours) et non de la parole (qui non-sait sans cesse).

§. – Les causes de la radicalité ne sont pas à chercher du côté du Coran. Les radicaux ne peuvent venir que de *l'extérieur* de l'islam. Les musulmans sont sensibles à la parole du Coran. Les terroristes sont sensibles à un discours sur le Coran. Or, la conversion passe souvent (pas toujours) par un discours sur la parole du Coran (sur la parole qu'est le Coran). Pour une raison simple (qui n'est pas la seule, mais qui vient immédiatement à l'esprit) : les convertis ne parlent (le plus souvent) pas l'arabe ; ne parlent pas la *langue* du Coran.

§. – Je vais clore ce chapitre par la même phrase de Renan que celle qui l'a ouvert : « Le livre sacré est admirable ; mais rien de plus sot que le commentaire sacré du livre sacré. »

26

§. – La culture, c'est quand la nuance est infinie. Plus il y a possibilité de dire la nuance, plus il y a culture. Il faut échapper au monoculturalisme comme au multiculturalisme.

§. – Rupture amoureuse : soudain le « terrorisme » ne m'intéresse plus, n'effraie plus rien en moi. Ne m'a plus jamais concerné. L'effroi a changé de nature : il se situe ailleurs – dans la solitude qui s'annonce ; et la répétition du chagrin.

§. – « Une fatigue qui d'*un* bond veut accéder à l'ultime, d'un bond mortel, une pauvre fatigue ignorante qui ne veut même plus vouloir : c'est elle qui a créé tous les dieux et tous les arrière-mondes. » Nietzsche, *Ainsi parlait Zarathoustra*.

§. – « Il y eut une foule de malades parmi ceux qui rêvent et désirent Dieu ; ivres de colère ils haïssent celui qui accède à la connaissance, ils haïssent avec fureur la plus jeune de toutes les vertus, qui se nomme : probité.
Ils ne cessent de regarder en arrière vers des temps obscurs : alors, certes, illusion et foi étaient autre

chose ; le délire de la raison rendait semblable au dieu, et le doute était péché.

Je les connais par trop bien ceux-là, semblables à Dieu : ils veulent qu'on croie en eux, ils veulent que le doute soit péché. Je sais trop bien, aussi, ce en quoi ils croient le plus.

En vérité, ce n'est pas au monde de l'au-delà ni aux gouttes de sang rédemptrices qu'ils croient : mais c'est au corps qu'eux aussi croient le plus, et leur propre corps ils le considèrent comme leur chose en soi.

Mais il leur paraît un objet malade : et volontiers ils sortiraient de leur propre peau. C'est pourquoi ils écoutent les prédicateurs de la mort et c'est pourquoi eux-mêmes se font prédicateurs des mondes de l'au-delà.

Écoutez plutôt, mes frères, la voix du corps sain : c'est une voix plus probe et plus pure. » Nietzsche, *Ainsi parlait Zarathoustra*.

§. – « Une image fit blêmir cet homme. Il était à la hauteur de son action quand il la fit : mais une fois qu'il l'eut faite il ne put en supporter l'image.

Il ne cessait désormais de se voir comme l'auteur d'*une* seule action. Ceci, je le nomme folie : l'exception chez lui, est devenue son être, elle s'est muée en son essence.

La ligne tracée hypnotise la foule ; le méfait qu'il a commis a hypnotisé sa pauvre raison – ceci, je le nomme folie *après* l'action.

Écoutez, vous autres, juges. Il existe encore une autre folie ; et celle-là est *avant* l'action. Ah ! vraiment, à mon sens, vous ne vous êtes pas assez enfoncés dans cette âme. » Nietzsche, *Ainsi parlait Zarathoustra*.

§. – « Mais moi je vous dis : c'est du sang que son âme voulait et non un butin : il avait soif du bonheur du couteau. » Nietzsche, *Ainsi parlait Zarathoustra*.

§. – « Qu'est cet homme ? Un amoncellement de maladies qui à travers l'esprit s'étendent et s'emparent du monde : elles veulent y faire leur butin.

Qu'est cet homme ? Un nœud de serpents sauvages qui rarement, entre eux, connaissent le repos – alors ils s'en vont chacun de leur côté et cherchent leur proie dans le monde.

Voyez ce pauvre corps ! tout ce qu'il a souffert et dont il a été avide, cette pauvre âme l'a interprété à sa façon – elle l'a interprété comme étant un plaisir meurtrier et comme le désir effréné du bonheur du couteau. » Nietzsche, *Ainsi parlait Zarathoustra*.

§. – « Il est vrai : nous aimons la vie, non parce que nous sommes habitués à la vie, mais parce que nous sommes habitués à aimer. » Nietzsche, *Ainsi parlait Zarathoustra*.

§. – « Qu'ils prêchent donc qu'il faut se détourner de la vie et qu'ils s'en aillent eux-mêmes. » Nietzsche, *Ainsi parlait Zarathoustra*.

§. – « Il y a maintes choses, aujourd'hui, que l'on qualifie de pire méchanceté et qui pourtant ne sont larges que de douze pieds et longues de trois mois ! Mais un jour de plus grands dragons verront le jour. » Nietzsche, *Ainsi parlait Zarathoustra*.

27

§. – Lisons ensemble *Le XIXe Siècle* du 14 février 1894...

§. – « L'ATTENTAT. On n'est pas encore exactement fixé sur la façon dont a été commis l'attentat. Plusieurs versions sont données. Une panique épouvantable s'emparait des consommateurs ; c'était à qui se précipiterait vers la porte pour fuir ; un brouhaha énorme se produisit au milieu des cris des blessés qui s'affaissaient et des femmes qui s'évanouissaient. Des blessés réclamaient des secours à grands cris. Mais chacun songeait, à ce moment, à fuir le danger sans penser aux malheureux qui venaient d'être atteints. »

§. – « CHASSE À L'HOMME. Quand l'individu eut jeté la bombe, il prit la fuite droit devant lui. L'agent Poisson, de la brigade des voitures, se mit à courir suivi d'un grand nombre de passants qui, ayant entendu l'explosion, se doutèrent qu'on poursuivait l'auteur d'un attentat. Serré de près, il obliqua à droite et prit la rue d'Isly. Là, il se retourna et, se voyant traqué, il sortit un revolver et, sans s'arrêter, tirait deux coups presque à bout portant sur le gardien de la paix Poisson qui tombait ensanglanté. Une des personnes qui avaient assisté à cette chasse à l'homme nous disait : "Il était effrayant à voir. Les yeux lui sortaient de la tête, la sueur ruisselait sur sa figure ; il n'avait rien d'humain, surtout lorsque d'une voix rauque il hurlait : 'Tas de cochons ! je voudrais vous tuer tous.' " »

§. – « INTERROGATOIRES. Un médecin, M. Masque, lui donna quelques soins et, pendant qu'il le pansait, le docteur lui dit :

— Avez-vous réfléchi à l'acte que vous avez commis ?

— Je m'en fiche ! répondit le dynamiteur. Je venge Vaillant. Cette société est pourrie, il faut la détruire. Si vous vous étiez trouvé sur ma route au moment où l'on me poursuivait, vous qui me soignez, je vous aurais tué comme un chien, et avec plaisir, parce que vous êtes un bourgeois.

Des inspecteurs fouillaient le prévenu. Dans ses poches on trouvait un second revolver chargé de cinq balles et un couteau de chasse à virole. Pas un papier ni un indice permettant d'être fixé sur son identité. Le misérable est vêtu d'un pantalon noir, un gilet noir, un veston marron et un chapeau melon noir, une chemise blanche et cravate noire, des bottines à élastiques dans un piteux état. C'est un jeune homme de moyenne taille, malingre, portant une moustache naissante, un léger duvet blond sur les joues et une barbiche très peu fournie. Les cheveux châtains sont taillés en brosse. Il paraît âgé de 20 ans.

— Je m'appelle Breton Léon. Mais si ce nom n'est pas à votre convenance, mettez Lebreton, et si encore celui-ci ne vous convient pas, mettez-en un autre, celui que vous voudrez, je m'en fous. J'ai l'âge que j'ai ; quant à mon adresse, vous ne la connaîtrez pas, ma profession non plus, et puis vous m'embêtez. Vive l'anarchie !

Le commissaire de police ne put en tirer rien de plus. À toute nouvelle question, il répondait à côté, en faisant de longues tirades anarchistes. On se demande quel est cet individu. Est-il de Paris, de la banlieue, de la province ? »

§. – « LES DÉGÂTS. Dès le premier moment de l'explosion un service d'ordre était organisé ; un barrage était formé au coin des rues du Havre et de Rome. Les piétons ne peuvent passer que de l'autre côté du trottoir, la circulation des voitures est interrompue. L'intérieur du café a un aspect lamentable ; l'endroit exact où la bombe est tombée est entouré de chaises de façon à laisser tout en place pour les constatations judiciaires. Sur le sol, de nombreux débris de verre et de marbre ; le plancher est fortement endommagé à l'endroit où l'engin est tombé ; sur les tables les plus proches des deux qui ont été brisées, se trouvent encore les verres et les soucoupes des consommateurs. Un peu partout des balles, un grand nombre de morceaux d'étain collés à des débris d'étoffe, provenant de projectiles qui ont enlevé les morceaux des vêtements qu'ils ont traversés. Sur des colonnes et au plafond on voit des traces de sang, les meubles sont éraflés par des projectiles. Sur une chaise, une serviette toute rouge. Deux dames regardent la salle, terrifiées. À dix heures, M. Lépine arrive et s'informe de l'état des blessés.

Dans la salle nous voyons MM. Touny, commissaire divisionnaire, Gaillot, directeur de la police municipale, de nombreux agents de la brigade de recherche. À onze heures et demie arrivent MM. Raynal, ministre de l'Intérieur, et Antonin Dubost, ministre de la Justice. Ces messieurs restent quelques instants, puis se rendent au commissariat de police. Peu après, M. Roulier, procureur de la République, accompagné d'un substitut, vient constater l'importance de l'explosion. »

§. – « NOUVEAUX INTERROGATOIRES.
— Voulez-vous que je vous dise que je suis menuisier ? Mettez menuisier, ou fumiste, si vous voulez. Ajoutez que j'arrive de Marseille, de Pékin ou d'ailleurs. Et puis, cherchez, cela vous fera passer le temps. Cherchez et vous trouverez, a dit un ancien compagnon, le nommé Christ, disait Lebreton en ricanant. Cherchez, cherchez, cela vous fera du bien. Autant que vous passiez votre temps à cela plutôt qu'à autre chose. »

§. – « LES BLESSÉS. Nous avons dit que l'engin avait fait un grand nombre de victimes, en voici la liste : l'agent *François Poisson*, de la 5e brigade de réserve, blessé au flanc par trois balles tirées par Lebreton ; M. *Emmanuel*, employé de banque, 24, rue d'Amsterdam ; Mme *Emmanuel*, femme du précédent ; Mme *Simiane Leblanc*, 24, rue d'Amsterdam, blessures aux jambes ; M. *Borde*, dessinateur, 172, rue Cardinet, blessures graves aux deux jambes ; *Vanher*, dessinateur, 15, rue Bernard, blessures très graves aux jambes ; *Lousteau*, garçon de café, passage Tivoli, blessé au pied gauche et à la cuisse droite ; *Jean-Mathurin Pocquet*, garçon de salle, blessé à la jambe et à la main droite, marié, père de trois enfants, 98, rue de Rome ; *Angelou*, garçon de café, 26 ans, marié, père d'un enfant, rue du Rocher, blessé à la jambe droite ; *Courneur*, étudiant, 28, rue de la Huchette, blessure à la jambe gauche ; *Geffroy*, propriétaire, 40, rue du Rocher, blessures très dangereuses aux deux jambes ; *Benque*, photographe, 9, rue de Calais, blessure au mollet ; *Deck*, place Vintimille, blessé aux mains ; *une dame* restée inconnue, 23, rue de Calais, blessures légères ; *Michel*, 43, rue de Truffault, commis principal des postes, grièvement blessé, plaies profondes aux bras ; *Foubert*, grièvement blessé, plaies pénétrantes à la cuisse ; *Van Hect*, 15, rue Bernard-Périer, blessé aux jambes et aux pieds ; *deux dames* demeurant 28, rue de la Ville-Lévêque, blessées aux jambes et aux pieds ; *Munier*, très gravement blessé aux jambes. Les blessés les plus atteints sont MM. Poisson, Geffroy, Pocquet, Van Hect et Munier. En tout vingt-cinq victimes. »

§. – « DERNIÈRE HEURE. Le second revolver trouvé sur Lebreton était chargé de six balles mâchées et l'anarchiste avait six balles de rechange. On a trouvé ensuite dans la poche de son veston un second couteau suédois et un coup-de-poing américain. On se demande si Lebreton n'a pas un complice ; on aurait vu un second individu prendre la fuite en même temps que Lebreton. On fait des recherches de ce côté. Une foule énorme a stationné jusqu'à trois heures du matin tant à la gare Saint-Lazare qu'au commissariat de police. »

§. – « À LA CHAMBRE. Il est certain qu'un incident sera soulevé aujourd'hui à la Chambre touchant l'attentat d'hier soir. Il se produira sous forme d'interpellation "sur les mesures que compte prendre le gouvernement". »

§. – Les anarchistes considéraient que la réussite est une forme de l'échec. Les terroristes considèrent que l'échec est une forme de la réussite.

§. – Les terroristes cherchent des responsables à leurs échecs. Mais le seul responsable d'un échec étant soi-même, c'est soi d'abord qu'il faut supprimer. Il s'agit donc de réussir l'aveu de cet échec. La réussite de l'aveu de l'échec s'appelle un attentat. Plus simplement, l'attentat est la réussite parfaite de l'échec. Il en est le sommet, l'acmé, l'apogée, le chef-d'œuvre.

§. – Mettons-nous à la place du terroriste qui *rate* son attentat. Un attentat qui rate est l'échec de la réussite de l'échec. L'attentat est la réussite du tréfonds de l'échec ; l'attentat raté est l'échec du tréfonds de l'échec. Celui qui rate son carnage aura *tout* raté – même son ratage.

§. – Habitué à l'échec perpétuel et total, le terroriste est hanté par le spectre du *demi-succès*.

§. – Le terrorisme des anarchistes n'a pas « fonctionné » ; il fut, malgré les morts qu'il occasionna, un pétard mouillé. C'est que le communisme, le socialisme ne peuvent représenter, ne peuvent incarner l'identité des jeunes en « perdition ». Ce qui est explosif, dans le terrorisme islamiste, c'est cette rencontre du malaise, de la violence consubstantiels à la jeunesse, de la caution identitaire et de la « religion ». Le socialisme ne ressemble à personne, ne surgit de personne : il faut y adhérer, il faut aller le chercher. L'islam est donné dès le départ, il n'est pas un point d'arrivée : c'est lui qui, d'abord, adhère à moi. Si je dois aller le chercher, c'est en moi. Il me ressemble, il se confond avec moi. Il y a coïncidence entre ce que je suis et ce au nom de quoi j'agis. Et quand bien même cet islam serait un islam de conversion, il me concerne strictement, il m'est consubstantiel – ce que le socialisme n'est pas ; le socialisme est un modèle de société, l'islam est un mode de vie – plus encore : l'islam est un mode d'être. Le socialisme est un projet ; l'islam est en moi. Le socialisme est dans ma tête, l'islam est dans ma chair. L'islam me contient ; je contiens l'islam.

§. – Je ne suis pas musulman comme je suis socialiste, car le socialisme n'a pas besoin de moi, le moi que je donne, le moi que je voue au socialisme n'est qu'un moi morcelé, parcellaire, partiel et possiblement momentané. Le moi que je donne, que je cède, que je voue à l'islam est un moi intégral – un moi total. Lorsque l'islam prend les multitudes en charge, ce ne sont pas les mêmes multitudes que celles que prend en charge le socialisme, ou plus exactement : ce n'est pas la même part des multitudes ; il prend en charge l'entièreté, l'intégralité du moi des multitudes, et non des extraits issus du moi de ces multitudes.

§. – Point commun entre les terroristes anarchistes du XIXe siècle et les terroristes djihadistes du XXIe siècle : provoquer une radicalisation des réactions populaires permettant de déboucher, ici sur la révolution prolétarienne, là sur la révolution islamiste. Grande différence, en revanche : les terroristes djihadistes ne visent pas les hommes politiques (est-ce parce qu'ils n'y parviennent pas ?). Les anarchistes avaient eu la peau du tsar Alexandre II en 1881, de Sadi Carnot en 1894, de l'impératrice Élisabeth d'Autriche en 1898, du roi d'Italie Humbert Ier en 1900, du président américain McKinley en 1901. Ils avaient tenté d'abattre Gambetta en 1881 et Jules Ferry six ans plus tard.

§. – 11 mars 1892, Ravachol fait sauter l'immeuble d'un juge boulevard Saint-Germain, puis celui d'un procureur, les deux magistrats ayant fait condamner des compagnons de lutte. Il est arrêté trois semaines plus tard, le 29 mars. Près d'un mois après, le 25 avril, celui-ci est vengé : le restaurant Véry est la cible d'un attentat, l'un des employés ayant dénoncé Ravachol. François Ravachol, 32 ans, le « Rocambole de l'anarchisme », est guillotiné le 11 juillet 1892. Son exécution provoque en représailles une série d'attentats dans la capitale : casernes, bistrots, restaurants, commissariats sont atteints. La psychose s'installe dans Paris. L'année suivante, en 1893, Auguste Vaillant, 32 ans, exécuté le 5 février 1894, parvient à commettre un attentat à la bombe dans l'hémicycle de la Chambre des députés. On commence à parler de « lois scélérates » : les députés, en réaction à la terreur, adoptent des lois répressives visant à éradiquer les cellules anarchistes. Ces lois visent à limiter la liberté de la presse – solution impensable aujourd'hui. Elles permettent en outre un renforcement de la répression de la provocation et de l'apologie des crimes – solution également prônée et mise en branle en 2015, voir l'exemple de Dieudonné (« Je me sens Charlie Coulibaly »). Est punie également la détention d'explosifs – comme de nos jours. Le terrorisme en tant que tel est punissable par la loi – comme de nos jours. La liberté de la presse était hier jugulée ; elle est aujourd'hui au cœur même des attentats, de façon inversée : elle n'est plus restreinte par les autorités publiques, mais par les terroristes eux-mêmes – plus exactement : elle est restreinte par l'autocensure, par la peur des représailles que peut entraîner, que peut provoquer la libre publication de ses libres propos.

§. – Le 12 février 1894, quelques jours après l'exécution de Vaillant, se produit un nouvel attentat, dans le quartier Saint-Lazare, au café Le Terminus. Le fameux Émile Henry – mort à 21 ans. Un jeune intellectuel, brillant, admissible à l'X. Le 11 janvier 2015 de l'époque n'a pas lieu en janvier, et encore moins en 2015. Le 11 janvier 2015 des années 1890 a lieu entre le 26 juin et le 1er juillet 1894. C'est un 11 janvier qui s'étire sur presque une semaine. Les Français sortent dans la rue pour dire leur attachement à la République : le 24 juin, le président de la République, Sadi Carnot, est assassiné d'un coup de poignard, à Lyon, à 21 h 32. Il venait de quitter le palais du Commerce pour se rendre au théâtre où l'attendait une soirée de gala.

225

§. – *Le XIXe Siècle*, numéro du 26 mai 1894 : « Cette horrible série va-t-elle continuer longtemps en dépit des mesures que le gouvernement et la police ont promis de prendre et en dépit des exécutions d'anarchistes qui, depuis un an, se succèdent sur la place de la Roquette ? »

§. – Maxime Du Camp, *La Revue des Deux Mondes* (tome 85, 1870) : « Jusqu'aux premiers jours du XIXe siècle, on exécutait à Paris les criminels un peu partout, au hasard de certaines convenances dont le mobile nous échappe aujourd'hui, à la Grève, aux Halles, à la Croix du Trahoir, place de la Bastille, souvent dans un carrefour et parfois même dans les rues. La place de Grève, exclusivement adoptée sous le Consulat, vit, jusqu'à la révolution de Juillet, toutes les exécutions capitales dont Paris fut ensanglanté, et à cette époque elles étaient marquées de préliminaires d'une lenteur désespérante. Le condamné, amené dès le matin de Bicêtre, où il était enfermé depuis qu'il avait signé son pourvoi en cassation, était mis à la Conciergerie pour y passer son dernier jour. Quelques minutes avant quatre heures, il était extrait de la prison, hissé sur une charrette découverte et dirigé ainsi, à travers la foule qui encombrait les quais, jusqu'à la place sinistre où il devait mourir. Du haut de l'échafaud tourné vers la Seine, il pouvait voir le Palais de Justice et Notre-Dame. Cet usage cruel d'exhiber ainsi le condamné et de le montrer au peuple disparut avec la dynastie des Bourbons. À la place de Grève on substitua la place de la barrière Saint-Jacques, qui fut "inaugurée" le 3 février 1832 par Desandrieux ; au lieu de faire l'exécution à quatre heures de l'après-midi, alors que toute la population est sur pied et peut accourir, au lieu de laisser les crieurs arpenter les rues en annonçant le moment du supplice, on imposa aux agents de l'autorité une discrétion absolue, et l'on fixa l'instant de l'exécution au petit lever du jour. »

§. – Merah, Coulibaly, les frères Kouachi, Kermiche, Abaaoud et Petitjean ont, d'une certaine manière, *rétabli la peine de mort* en France. Ils ont contraint les autorités à leur donner la mort, d'une part, et à leur donner la mort en public, d'autre part. Par leur inéluctable mort, ils ont entraîné la République dans une logique de la peine de mort, où le tribunal et le bourreau se confondent, où se mélangent la sentence et son exécution. Exécution qui a lieu devant tout le monde et n'importe où dans la rue – comme avant 1832. Des terroristes viendront, qui voudront venger la mort que Merah, les frères Kouachi, Coulibaly, Kermiche, Abaaoud et Petitjean nous ont forcés à leur donner.

§. – Maxime Du Camp : « Mais un autre usage barbare subsistait encore : le trajet de Bicêtre à la barrière Saint-Jacques ; il avait cependant été rendu matinal et plus humain. La charrette lente, lourde et à claire-voie avait été remplacée par le "panier à salade", plus rapide, complètement clos, et où du moins le condamné, assis près du prêtre, pouvait cacher à la foule gouailleuse ses dernières expansions et son repentir suprême ; mais la nécessité de faire cette longue route sur des chemins souvent défoncés par l'hiver, au milieu des convois de maraîchers, constituait encore une redoutable aggravation de peine. La construction du grand dépôt sur la place de la Roquette amena une modification essentielle dans l'incarcération des condamnés à mort ; on ne les conduisit plus à Bicêtre, on les enferma à la Roquette, dans un quartier spécial. Dès lors le trajet de la prison au lieu du supplice, devant se faire à travers les rues populeuses de Paris, devenait bien plus cruel que le voyage de Bicêtre ; on sentit l'inconvénient d'un tel système, qui ramenait en quelque sorte aux errements d'autrefois, et pour y remédier, on prit un parti dont l'humanité a su profiter. »

§. – « Dès qu'un homme est condamné à mort, écrit génialement Du Camp, sa vie devient sacrée ; il faut qu'il meure, mais d'une certaine manière ; il est la proie de cet être de raison qu'on appelle la justice, il appartient à l'expiation, à l'exemple, et l'on veille sur lui avec une jalousie féroce, afin qu'il ne dérobe à la vindicte publique aucune des parcelles de l'existence qu'elle réclame. »

§. – En 1981, en France, la vie devient sacrée selon un mode opératoire qui la place au-dessus d'elle-même, et non plus en dessous ; elle n'est plus l'incarnation de la légitimité du faire mourir. La vie, depuis 1981 et l'abolition de la peine de mort, n'est plus la représentation symbolique de la mort à travers le pouvoir qu'a l'État de la donner, de la provoquer. Depuis 1981, la vie coïncide avec elle-même, elle n'est plus une éclipse avec la mort : elle est sacrée non pas en tant qu'elle sera retirée, qu'elle se retirera selon l'application de la loi ; elle est sacrée en ce que la loi peut modifier la vie sans jamais l'interrompre. Elle est sacrée en ce que la loi peut s'insérer dans une vie qui n'a pas su s'insérer dans la loi. La vie du condamné n'appartient plus, depuis 1981, qu'au condamné lui-même ; c'est à vivre qu'on le condamne. Non pas dans la continuité de ce qu'il fut, mais dans la continuation de ce qu'il aura à être ; c'est à la vie de punir la vie, puis de la réparer, quand la mort n'est ni une punition, ni un soulagement, ni une libération, ni même une condamnation : la mort n'est rien.

§. – Donner la mort, c'est faire accroire à la mort qu'elle est tout, qu'elle a tout pouvoir et tout pouvoir sur tout. La peine de mort ne fait pas sens parce que de sens, la mort n'en a pas et n'en a jamais eu, n'en aura jamais. La mort n'a pas même l'intelligence de la mort. La mort n'est rien, la mort par conséquent ne punit rien, n'inflige rien, n'interrompt rien dès lors qu'elle ignore ce qu'elle interrompt. Le guillotiné ne sait plus jamais, une fois guillotiné, qu'il fut guillotiné. Entre la sentence et l'instant de l'exécution, au cachot, dans la charrette, sur l'échafaud face à la foule, voilà le suprême instant de la punition – dans ses instants bientôt interrompus, qui annoncent qu'on ne sera plus ; infinie torture de ces dernières heures, à l'abyssale puissance.

§. – Il est une gifle plus violente encore, et c'est la douceur qui l'offre : celle de ne pas interrompre la part vivante en nous, celle de nous priver de la mort, celle de nous abandonner à la prison et à la prison de soi.

Il n'est plus question de nous annoncer que tout cela va finir, mais que tout cela, au contraire, va recommencer. Et qu'aucun tribunal ne viendra jamais nous délivrer de nous-même, d'abord parce que la mort n'est pas une punition mais la signature d'un instinct de bête, ensuite parce que la véritable épreuve de la vie n'est jamais son arrêt mais sa prolongation. La société voyait comme un trésor l'existence précieuse à laquelle elle allait se donner le droit d'arracher la vie ; cette existence en suspens, cette existence représentait la peine de mort, elle en était le visage. L'existence, provisoire, était le symbole de la pérennité du pouvoir. Comme si l'éternité de la mort devait entrer en résonance avec celle des lois. Le condamné était une matière première ballottée entre la puissance législative et la puissance exécutive. L'incarnation de la marche de l'État, de la perfection de la justice.

§. – Merah, les Kouachi, Coulibaly, Lahouaiej Bouhlel tentent de ne pas se faire voler leur mort, mais c'est tout de même la loi qui les tue. Ils obéissent à la Parole démente du Dieu qu'ils se sont inventé, au nom de cette loi, mais c'est notre loi qui les tue. Ils meurent, qu'ils le veuillent ou non, *par* la République. Et *par* la France.

§. – *Le XIX*^{e} *Siècle*, 26 juin 1894 : « Ce qui rend ces crimes encore plus révoltants et plus odieux, c'est leur aveugle stupidité. Pour avoir vengé les exécutions de Vaillant et d'Henry sur la personne du président de la République, est-ce que les anarchistes en seront plus avancés ? Ne doivent-ils pas au contraire s'attendre à être traités avec d'autant plus de rigueur qu'ils s'acharnent à semer la terreur ? On peut jusqu'à un certain point expliquer des attentats de ce genre lorsqu'ils frappent un monarque absolu contre le despotisme duquel il n'existe d'autre moyen de protestation que la violence ; mais quelle idée politique peut guider le bras qui donne la mort à un président de la République temporaire et qui précisément est arrivé, comme M. Carnot, au terme de son mandat ? Après-demain, les deux Chambres réunies en Assemblée nationale vont nommer un autre président. Qu'y aura gagné l'anarchie ? »

§. – « Il y a trois ou quatre semaines, nous avons raconté l'étonnante histoire du projet de loi que le gouvernement a déposé, l'année dernière, après les explosions du boulevard Saint-Germain, de la rue de Clichy et du boulevard de Magenta. C'était un projet urgent. Il s'agissait de couper court à un intolérable et dangereux scandale. Il fallait empêcher les prédicateurs anarchistes de tourner la loi en dérision, autoriser leur arrestation préventive et la saisie de leurs journaux. Qu'a-t-on fait ? Absolument rien. Arrêté par les menaces des radicaux, dénaturé par un amendement qui en paralysait l'effet, abandonné par la pusillanimité du gouvernement et de la dernière Chambre, le projet n'a pas abouti. La loi sur la presse est restée à l'état d'inutile et de ridicule épouvantail. On n'a pas non plus touché au Code pénal : il demeure impuissant à atteindre des menées, des manœuvres, des associations qu'on ne connaissait pas, qu'on ne pouvait pas prévoir en 1810. Attaquée par des sauvages, la société n'essaye même pas de se défendre. La propagande anarchiste se poursuit effrontément, au grand jour, au moyen de journaux, d'almanachs, de chansons dont nous avons publié tout récemment quelques odieux échantillons. On ne fait pas contre elle les lois qu'il faudrait faire. On ne se sert pas même contre elle des lois qu'on a déjà. Le résultat de cette incroyable inertie, on l'a éprouvé à vingt reprises ; on l'a subi, hier, une fois de plus. Le gouvernement et le Parlement désarment devant les anarchistes. On a vu si, eux, ils désarment de leur côté. Au lendemain de l'avant-dernier attentat, nous demandions si la leçon serait efficace, ou s'il en faudrait encore une autre. On en a maintenant une de plus. Nous saurons bientôt si elle suffit. »

§. – Chambre des députés, 9 décembre 1893 : débat, très vif, sur l'éligibilité d'un député mis à mal.

« LE DÉPUTÉ : J'attends avec confiance votre décision. (*À ce moment, un projectile, lancé du côté droit des tribunes du public, fait explosion et blesse un certain nombre de personnes, à la galerie et sur les bancs des députés, à la droite de l'Assemblée. – Vive émotion.*)

M. LE PRÉSIDENT : Messieurs, la séance continue. (*Vifs applaudissements sur tous les bancs.*) Il est de la dignité de la Chambre et de la République que de pareils attentats, d'où qu'ils viennent et dont, d'ailleurs, nous ne connaissons pas la cause, ne troublent pas des législateurs. (*Applaudissements prolongés.*) Lorsque la délibération sera terminée, le bureau se réunira et prendra, avec toute la réflexion et le sang-froid qui conviennent en pareille circonstance, les mesures nécessaires. Les personnes qui ont été atteintes reçoivent tous les soins que comporte leur état. Quant à nous, restons en séance, fidèles à notre devoir. (*Vifs applaudissements.*) Je mets aux voix les conclusions du 6ᵉ bureau, tendant à la validation de la 1ʳᵉ circonscription de Reims.

M. LE VICOMTE DE MONTFORT : Je demande la parole.

M. LE PRÉSIDENT : La parole est à M. de Montfort. »

§. – Les anarchistes du XIXᵉ siècle avaient la volonté de détruire de la construction. Les djihadistes du XXIᵉ siècle ont la volonté de construire de la destruction.

28

§. – La France, parmi ses passions (j'allais dire : ses passe-temps), compte l'indignation. Qui est indigne est condamnable. La France a choisi cette condamnation qui ne condamne que par l'affect. L'indignation est la manifestation lyrique d'une condamnation morale. L'indignation est devenue la seule issue qui reste à l'impuissance pour sauvegarder les apparences du panache. L'indignation populaire s'élève au prorata de la gravité, non tant de ce qui a eu lieu au sein de la société, mais de ce que la société n'a pas su empêcher : l'attentat. La grande manifestation du 11 janvier 2015 l'a montré. Ce qui n'a pu être empêché se révèle être ce qui n'a pu être prévu. Pis : ce qui n'a pas voulu être prévu.

§. – Il ne s'agit pas seulement de pouvoir voir, mais de savoir voir ; il ne s'agit pas seulement de savoir voir, mais de vouloir voir. Vouloir voir, c'est avoir la volonté de faire tomber le masque. La réalité, par nature, n'existe que voilée : chacun, pour l'appréhender, pour la supporter, pour la manipuler, pour l'apprivoiser, tout simplement pour la vivre, pose, appose, calque sur elle sa propre psychologie. La réalité n'est que le prolongement de la psychologie des individus qui s'y juxtaposent, s'y côtoient, dans le meilleur des cas s'y rencontrent et s'y aiment.

§. – À l'élection présidentielle de 2002, la gauche s'était émiettée, d'une part ; d'autre part, l'abstention de ses électeurs, au premier tour, avait pris une ampleur historique. Le résultat ne se fit point attendre : le Front national, en la personne de son leader, Jean-Marie Le Pen, se trouva au second tour. On descendit alors dans les rues de France, dans les communes, les villes, et partout dans Paris on défila, pancartes brandies, indignation en bandoulière, aux cris de : « *No Pasarán* », « Le fascisme ne passera pas ». Contre qui manifestait-on ? La question est complexe. Contre Jean-Marie Le Pen, c'est entendu. Mais qu'avait-il fait de mal ? Qu'avait-il donc fait de si répréhensible, lui qui, défendant démocratiquement ses idées (peu démocratiques, il va sans dire, mais c'est démocratiquement qu'il les défendait), s'était légalement, s'était légitimement présenté, selon les règles, dans le respect des lois, à la présidence de la République française ? Contre qui les indignés défilaient-ils ? Contre eux-mêmes. Contre eux-mêmes en tant que démocrates ne supportant pas que la démocratie permît cet événement démocratique mettant la démocratie en péril. Contre eux-mêmes en tant qu'électeurs, électeurs dans une démocratie qui leur avait permis, à la fois d'être représentés par dix candidats au lieu de trois, et de ne point se présenter (il avait fait beau ce dimanche-là) devant les urnes. Cette indignation républicaine donne, lorsqu'on y songe, une sorte de vertige. De vertige républicain. La possibilité que la démocratie offre à ses ennemis de parvenir au pouvoir (sorte de vice de forme originel du système) ne saurait en aucun cas être reprochée à ceux dont nous craignons, à juste titre, qu'ils puissent un jour accéder au pouvoir – mais ce pouvoir, quand bien même il nous semble terrible de l'imaginer une seule seconde entre leurs mains, ne serait hélas pas un pouvoir illégitime ; il serait un pouvoir insupportable mais en aucun cas un pouvoir usurpé. Que nous resterait-il, sinon nos yeux pour pleurer ? Il nous resterait, précisément, cette universalisante et franco-française indignation (la Révolution française a érigé en principe, ce ne fut pas la moindre de ses audaces, que tout ce qui valait pour la France valait, transcendance républicaine oblige, pour toutes les nations, et même au-delà, car l'universel ne se confond pas avec la simple addition des entités existantes). Au nom de grands principes bafoués, nous aurions évidemment le droit de serrer les poings ; de nous étouffer de colère. Mais quels grands principes seraient en l'occurrence bafoués ? Les principes qui présidèrent à l'avènement de notre République.

§. – Ainsi, la France est-elle parvenue, au fil des années, à devenir la capitale mondiale de l'indignation. Le mot « indignation » contient celui de « dignité », qui voisine avec « dénier ». Il est toujours vivifiant de rendre visite aux mots, de se renseigner sur les étymologies. C'est là, bien souvent, qu'est contenue l'élucidation d'une réalité, d'une actualité qui, ne pouvant être dites, sont biaisées, occultées à cause du sommeil, à cause de l'hibernation de ces mots, de ces racines, qui ne demandent qu'à être réveillés pour nous éclaircir. Les mots sont devenus des clowns. À force d'être si mal utilisés, ils ont fini par servir de masques. Au lieu de donner à la réalité sa réalité, ils lui en ont substitué une autre, plus acceptable, moins humiliante, moins effrayante. Les mots ne sont pas une plaisanterie. Ils peuvent tuer, surtout quand ils meurent. Un mot que l'on éjecte au profit d'un autre, un mot qu'on détourne de sa fonction pour lui faire dire autre chose que ce qu'il avait toujours dit, un mot que l'on force à travestir la réalité pour faire plaisir à une autre réalité, un mot qui est contraint de trahir les mots, n'est pas simplement un mot mort : c'est un mot qui fera des morts.

§. – Tout le monde, toute la journée, utilise les mêmes mots ; sans s'apercevoir que ces mêmes mots ne sont pas les mêmes. Vieux mot : « deintié », « daintier », terme de chasse qui désignait les « honneurs » de la pièce abattue, le morceau d'honneur. Celui qui s'indigne, c'est celui qui ne trouve pas digne que. Celui qui refuse qu'on fasse *honneur à*. Celui qui profère que le morceau d'honneur ne doit pas *revenir à*.

§. – Une indignation comme l'indignation du 11 janvier 2015 suppose un consensus. Qu'est-ce qu'une *indignation consensuelle* ? « Le prodigieux consensus des hommes relativement aux choses, écrit Nietzsche, prouve la totale similarité de leur appareil perceptif » (*Considérations inactuelles*).

§. – Le 11 janvier 2015, le plus grand nombre possible de Français s'est rassemblé dans la rue pour marcher. Marcher ensemble au nom du vivre-ensemble. Le consensus, cela consiste à momentanément faire taire les dissensions, à museler temporairement les objections. À reléguer à plus tard toutes les nuances, les subtilités susceptibles de fissurer l'édifice.

§. – La phrase de Nietzsche ne nous apparaît valide que sur un échantillon temporel extrêmement réduit ; surtout, valable pour une partie seulement de la population française : la population majoritaire – les musulmans, pour la plupart, ne se sont pas joints à la manifestation. Habituellement défilent les minorités quand elles se sentent opprimées par une majorité. Le 11 janvier 2015, c'est une majorité qui se sent opprimée par une minorité qui a défilé. Révolution copernicienne de la manifestation.

§. – Nous devons noter une autre dimension ; une autre révolution copernicienne. Habituellement, on descend contre la puissance en place. Là, ce sont les puissances en place qui sont descendues. Contre qui le président de la République a-t-il manifesté ? Contre les frères Kouachi ? L'indignation de la classe politique... Mais la classe politique n'a-t-elle pas défilé contre elle-même ? Oui, la vérité est que le pouvoir politique a défilé contre lui-même : la puissance (de l'État) a défilé contre son impuissance.

§. – Des Français ont manifesté contre des Français.

§. – Contre quoi, *in fine*, a-t-on manifesté ? Contre des faits ! Contre une réalité ! Les mots ne servent plus à dire la réalité, mais à la dénoncer. Les mots n'ont pas le droit de dire les choses ; alors ils les crient, une fois que les choses qu'ils n'avaient pas pu dire ont enfanté le pire. On formule.

§. – Il s'agit, ici, de distinguer le consensus et la solidarité. Le consensus, et l'unité. Le consensus, et l'union. Le 11 janvier 2015 fut un moment d'indignation.

§. – Étrange 11 Janvier, aussi, qui clame « je suis », quand Mai 68 clamait « nous sommes ». « Je suis Charlie » contre « nous sommes tous des juifs allemands ». Ce passage du « nous » au « je » dit à lui seul l'évolution de la société en quarante-cinq ans. Le passage de la collectivité à l'individualité. Mais pas seulement ; il exprime aussi la spécificité propre au terrorisme : « je suis Charlie » ne signifie pas strictement une empathie, « je suis Charlie » n'exprime pas seulement le fait que je me sens proche de *Charlie*, que je me réclame de ses valeurs, car alors le « nous » eût été employé. « Je suis Charlie » entend en creux rappeler ceci : « Les terroristes peuvent désormais m'assassiner comme ils ont assassiné les dessinateurs de *Charlie*. » Nous ne pouvons pas être plusieurs dans ma peur de la mort, car ma peur de la mort n'est rien d'autre, ne peut être rien d'autre que la peur de ma *mort*.

§. – « Il y a, Lucilius, plus de choses qui nous font peur que de choses qui nous font mal » (Sénèque, *Lettres à Lucilius*). Le terroriste fait peur en répandant le mal et fait le mal en répandant la peur. La peur contient tout le mal *possible* – tout le mal potentiel ; tout le mal à venir. Le mal advenu est le tremplin du mal *projeté*. Le mal hypothétique ronge ; le mal réalisé tue. La peur est l'écosystème de ces deux formes de mal : celui qui fut, celui qui viendra.

§. – Sénèque : « "Comment, dis-tu, reconnaîtrai-je si les objets de mes angoisses sont imaginaires ou réels ?" Voici la règle en cette affaire. C'est le présent qui nous tourmente ; c'est l'avenir ; c'est à la fois le présent et l'avenir. Pour le présent, le jugement est facile ; si ton corps est libre et sain et si tu ne souffres d'aucune blessure qu'on t'ait infligée, on verra ce qu'il en sera demain, mais pour aujourd'hui, le débat est clos. "Mais demain adviendra." »

§. – Ambiguïté de l'expression « je suis Charlie ». *Charlie* est un journal, donc Charlie n'existe pas ; et Charlie n'existe pas non plus comme personnage de fiction – il n'est pas un personnage du journal *Charlie*. Par conséquent Charlie n'existe doublement pas. Ou plutôt : c'est doublement que Charlie n'existe pas. Clamer « je suis Charlie », c'est clamer qu'on est doublement quelque chose qui n'est pas, qu'on est quelque chose qui n'est doublement pas.

§. – Un sociologue s'est demandé, dans un essai récent, qui était Charlie. « Charlie » provient du personnage de Charlie Brown. Un monstre, selon Umberto Eco. « Ces enfants sont des monstres. Ils sont les réductions monstrueuses et infantiles de toutes les névroses des citoyens modernes de la civilisation industrielle. »

Charlie, surtout, est un raté total. Comme nous le rappelle Wikipédia, il ne parvient ni à faire décoller son cerf-volant, ni à jouer au base-ball. Il n'essuie en outre auprès des filles que des échecs. « Je suis Charlie », si Charlie est véritablement Charlie Brown, est lourd de conséquences : car celui qui rate sa vie, celui qui ne rencontre aucun succès auprès de la gent féminine, celui qui ne s'adapte pas, tel est justement le profil psychologique commun à tous les terroristes.

§. – « La pluie tombe sur le juste comme sur l'injuste », dit Charlie, le personnage, dans un *comic strip*. Épictète : « Comme le droit n'a pas besoin du droit, le juste n'a pas besoin du juste. »

§. – Les terroristes ont tué au prétexte que le Prophète avait été caricaturé. Mais ce faisant, le défendant de cette manière, le défendant avec une telle débauche de violence, ils se comportent non pas tant en justiciers qu'en flagorneurs. Chaque terroriste est un flatteur. Merah, les Kouachi, Coulibaly entendent *plaire* à Mahomet. Ce sont des *fayots*.

30

§. – Nos sociétés occidentales modernes n'ont pas suffisamment de transcendance à offrir. Les hommes ont soif d'éternité, la société ne propose que le contraire de cette éternité : de l'*éphémérité*. De la fugacité. De la volatilité. Comment obtenir de l'éternité ? Comment, plus exactement, avoir accès à l'immortalité ? L'Académie française n'est réservée qu'à quelques-uns, qui mourront malgré tout. Si le christianisme a connu tant de succès, c'est parce qu'il débouchait sur l'immortalité promise, sur l'immortalité *garantie*. Avec la déchristianisation, puis la sécularisation, c'est la politique qui dut prendre le relais de cette promesse : sous quels avatars ? La société libérale déchristianisée avait deux possibilités – soit mater, étouffer ce rêve, soit le faire muter, lui proposer d'autres atours, créer une immortalité sans divine transcendance, une immortalité sans ciel. La *gloire* fut (est toujours) l'une des portes proposées pour échapper à la temporaire et temporelle temporellité du tout-venant. Machiavel : « Tous les hommes ont en vue un même but : la gloire et les richesses. » La gloire, c'est la renommée, c'est la réputation ; mais, bien avant, bien devant, la gloire, en latin chrétien, c'est la divine majesté, c'est l'*éternelle* béatitude que l'on réserve à

Dieu et aux élus de Dieu. La politique a donc dû se résoudre à prendre cette éternité à bras-le-corps ; elle a dû se résoudre à élaborer, sans l'aide d'aucune foi, d'aucun paradis, une béatitude pour l'ici-bas, qui serait la forme sécularisée, athée, de la béatitude du là-haut. Il a fallu inventer une éternité de substitution, un Éden de remplacement, une béatitude sociétale, strictement placée, exactement installée à hauteur d'homme. Une béatitude non plus céleste, mais terrestre. Déjà, il fallait transiger un peu, réviser l'exigence : ce que l'Église promettait, ce que la Bible annonçait, l'éternité éternelle, on ne pourrait sans doute en récupérer qu'une portion, à savoir une éternité moins éternelle, une éternité partielle, une éternité rognée, une éternité qui serait davantage une temporellité poussée dans ses extrêmes, une temporellité dilatée au maximum de dilatation possible, une éternité étirée de toutes nos forces vidées de l'immémoriale force de Dieu – qui lui savait dilater, mais infiniment, qui lui savait étirer, mais naturellement, qui lui savait prolonger, mais indéfiniment. À l'éternité, nous avons dû substituer une temporellité de premier choix, mais cela restait de la temporellité : c'est-à-dire un morceau du temps, fût-il immense, au sein duquel on finirait tôt ou tard par mourir et où notre nom lui-même finirait par sombrer dans la mort des noms, que l'on appelle aussi l'oubli et qui est une mort au carré.

§. – La gloire a d'abord eu soin de s'incarner dans la Création. Dieu avait créé le monde ; aux fins d'être son laïc équivalent, nous tenterons, se dirent les humains, de créer des mondes, qu'ils soient mathématiques, picturaux, romanesques, théoriques (et nous avons eu

Michel-Ange, et nous avons eu Newton, et nous avons eu Balzac). Nous produirons de la démesure à notre mesure, de l'infini à notre dimension. Nous inventerons ; nous érigerons. Nous œuvrerons – et nous œuvrerons dans le bienfait. Nous avons, comme l'eût fait Dieu à notre place (du temps que nous y croyions encore), décidé d'être les bienfaiteurs de l'humanité – voilà en quoi désormais consistera notre gloire, par laquelle nous voudrons rester gravés dans la mémoire universelle : créer. Le terroriste reprend ces préceptes en les inversant : nous avons, comme l'eût fait Dieu à notre place (du temps que nous n'y croyions pas suffisamment), décidé d'être les malfaiteurs de l'humanité – voilà en quoi désormais consistera notre gloire, par laquelle nous voudrons rester gravés dans la mémoire universelle : détruire.

§. – La politique étrique. On est touché par la grâce ; mais on touche à la politique. La politique est pesanteur ; la grâce est apesanteur. La politique abaisse, la grâce élève. La politique ne permet rien de *supérieur* – à commencer par l'humilité. Les démocraties libérales fournissent des biens de consommation et de la liberté. Mais elles sont sèches, elles sont arides, elles sont radines dès qu'il s'agit de fournir de l'au-delà, de la transcendance, de la gloire et de l'ascension, de l'éternité et de l'élévation. Le peuple des élus s'efface devant le peuple des électeurs. Comment s'élever, non *dans* la société, mais *au-dessus* ? C'est la question à laquelle la société est incapable de répondre. Comment être plus que soi-même, comment planer au-dessus des autres sans que ce soit par écrasement, par piétinement ? Comment s'élever sans « réussir » ? Comment être le plus grand sans être le plus fort ? Quelle grandeur s'offre aux aspirations géniales, qui ne soient point des grandeurs sociales, qui ne soient point, comme dirait Bonaparte, des hochets ? Les grands inventeurs d'aujourd'hui, les Galilée d'aujourd'hui, sont aussi ceux qui réussissent socialement : ce sont Bill Gates, Steve Jobs. On ne peut réussir que par le succès. On ne peut s'élever que par la réussite. La transcendance sera parvenue à déserter jusqu'au génie.

§. – Étrange ascèse, étrange mission que celle des terroristes, qui entendent faire régner sur la terre le gouvernement de la vertu, et se précipitent au paradis pour se faire sucer. Ils exigent que règne la rétention sexuelle, quand eux se poussent des coudes pour connaître un plaisir sans fin.

§. – Imagine-t-on vraiment l'ampleur de la misère, du désespoir sexuels et sentimentaux des terroristes qui, sans autre garantie que quelques *racontars*, acceptent de troquer la relative difficulté de coucher avec des filles *dans la vie* contre la facilité promise de coucher avec des filles *dans la mort* ? Pour passer de la difficulté à la facilité, il suffit « juste » de passer de la vie à la mort. Un terroriste est d'abord un homme qui a fini par ne plus s'apercevoir que passer de la vie à la mort était un milliard de fois plus difficile que de passer de la facilité à la difficulté, de l'aisance à l'obstacle. Un terroriste est capable de se donner la mort (de se faire donner la mort) parce qu'il est incapable d'aborder une fille qui lui plaît. Un terroriste est un homme qui est obligé de *passer par la mort* pour avoir accès aux filles.

Non parce qu'il sera plus courageux là-haut, non parce qu'il sera plus courageux, plus entreprenant, moins complexé une fois mort, une fois dans la mort, une fois dans sa mort, mais parce qu'il a obtenu la garantie que là-haut, c'étaient les filles qui non seulement feraient le premier pas, mais se précipiteraient sur lui, voulant clairement ce que ces mêmes terroristes leur refusaient le droit de faire sur terre : baiser, et baiser encore.

§. – « Demain est le temps de l'idéal même. Demain est éternel. Demain fera justice. Demain, l'oasis fleurira sur le désert. Demain les sources jailliront de la joie, et les palmes sublimes. Demain est le paradis. » André Suarès, *Sur la vie*.

§. – Quel genre de majuscule le terroriste peut-il donc mettre à « dieu » ?

§. – Le terroriste est optimiste, quand il tue aux fins de rejoindre les paradis garantis, saturés de vierges. Pourquoi, dès lors, livrer à propos de son geste des explications sociales insistant sur son irrémissible pessimisme ?

§. – « C'est un peu une résurrection. Le père Hamel, je le vois paisible dans le ciel, au paradis. » Tels sont les propos d'une fidèle de Saint-Étienne-du-Rouvray. Mais si Kermiche et Petitjean ont assassiné le père Hamel pour, eux aussi, viser le paradis, alors, le père Hamel est à cette heure en enfer.

§. – Jeanne d'Arc : sainte patronne des djihadistes ?

31

Cette page est vierge. Elle exprime, elle raconte, elle dit qu'un nouvel attentat vient d'avoir lieu, que je ne peux décrire ici parce qu'il n'a pas encore eu lieu.

Annexe

Une nouvelle ère de l'humanité
(Libération, 12 septembre 2001)*

Ça y est : le monde ne sera plus jamais en guerre, mais il sera désormais guerre tout court. À compter du 11 septembre 2001, tout sera guerre, même la paix. La paix ne sera plus le contraire de la guerre, elle en sera son contexte, son milieu naturel, son écosystème, son décor, son fond d'écran, son background. Guerre et paix ne seront plus le contraire l'une de l'autre (c'était bon du temps manichéen des blocs Est-Ouest), mais seront imbriquées l'une dans l'autre, comme les deux faces connexes d'une même réalité.

La paix sera une sorte de cas particulier de guerre. La guerre se fera dans une poubelle gare de l'Est, et au-dessus de nos têtes dans les airs. Elle sera permanente. Ouverte 24 heures sur 24, comme CNN. Elle sera faite de pauses, mais ne connaîtra pas de répit. Ce sera une guerre aveugle, mais précise. Floue, mais ciblée. Car jamais la distorsion n'a été si grande entre le flou des causes et la précision des coups.

La première hyperguerre mondiale a commencé. Guerre où tous les prétextes sont bons et où les actes servent *a posteriori* de déclaration. Une hyperguerre, un monde dans lequel le contexte normal, naturel, des sociétés n'est plus la paix, mais la guerre. Une hyperguerre, ce n'est pas une guerre comme les guerres mondiales, avec des camps qui s'opposent ; c'est une guerre non euclidienne, non répertoriée, sans règles et sans autres principes que sa propre logique. L'hyperguerre n'est pas localisable dans l'espace ni dans le temps. Elle est une sorte de chef-d'œuvre du terrorisme, un best of, un worst of plutôt : détournements d'avion, bombes, crashs aériens, kamikazes. C'est tout le XXe siècle qui fut résumé en quelques minutes le 11 septembre 2001.

Ce sera donc là l'acte de naissance du XXIe siècle, comme 1914 le fut pour le XXe. Mais ce ne sont plus des États qui font la guerre, c'est la guerre qui fait les États. États inédits, sortis de nulle part, qui ne sont pas des États-nations, pas des États territoriaux, avec des citoyens, et des frontières, et des gouvernements, non : ce sont des États virtuels, des États-guerre éparpillés, diffus, des États-pieuvres ramifiés, des États-communautés dont les seules frontières sont idéologiques. Ces États, comme le virus du sida, évoluent, s'adaptent, mutent, s'inventent et se réinventent chaque jour. Ils se réduisent parfois à un seul individu qui, déguisé en bombe humaine, est à lui seul une idéologie, une armée, un danger. Après les hommes d'État, voici les Hommes-États. L'État politique se confond avec l'état biologique.

Le 11 septembre 2001 est le point de départ d'une ère nouvelle de l'humanité. Oui : l'humain est affecté partout sur la planète, car l'hyperguerre, par la menace perpétuelle qu'elle fait planer, se nourrit des psychoses qu'elle provoque. La psychose, c'est la continuation de la guerre par d'autres moyens. Elle ronge l'individu, gangrène son psychisme, le déstructure. C'est une guerre du « peut-être / peut-être pas » dont l'horreur est avant tout horreur potentielle. Par conséquent, une guerre qui peut avoir un début, mais pas de fin. L'hyperguerre est faite pour durer. Elle se plaît dans la totalité : celle de l'univers et de l'éternité.

Yann Moix

Du même auteur :

Jubilations vers le ciel, Goncourt du premier roman, Grasset, 1996.
Les cimetières sont des champs de fleurs, Grasset, 1997.
Anissa Corto, Grasset, 2000.
Podium, Grasset, 2002.
Partouz, Grasset, 2004.
Transfusion, Grasset, 2004.
Panthéon, Grasset, 2006.
Apprenti-juif, hors commerce, 2007.
Mort et vie d'Edith Stein, Grasset, 2008.
Cinquante ans dans la peau de Michael Jackson, Grasset, 2009.
La Meute, Grasset, 2010.
Naissance, prix Renaudot, Grasset, 2010.
Une simple lettre d'amour, Grasset, 2015.
Korea, Grasset, 2018.

Films

Grand oral, court-métrage, 2000.
Podium, long-métrage, 2004.
Cinéman, long-métrage, 2009.

Le Livre de Poche s'engage pour
l'environnement en réduisant
l'empreinte carbone de ses livres.
Celle de cet exemplaire est de :
250 g éq. CO_2
Rendez-vous sur
www.livredepoche-durable.fr

PAPIER À BASE DE
FIBRES CERTIFIÉES

Composition réalisée par NORD COMPO

Achevé d'imprimer en décembre 2017, en France sur Presse Offset par
Maury Imprimeur – 45330 Malesherbes
N° d'imprimeur : 223706
Dépôt légal 1re publication : janvier 2018
LIBRAIRIE GÉNÉRALE FRANÇAISE – 21, rue du Montparnasse – 75298 Paris Cedex 06

72/9431/5